Höllisch gut
Himmlische Gerichte
aus dem Alten und dem Neuen
Testament

zu Weihnachten '94

Rainer u. Marianne

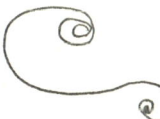

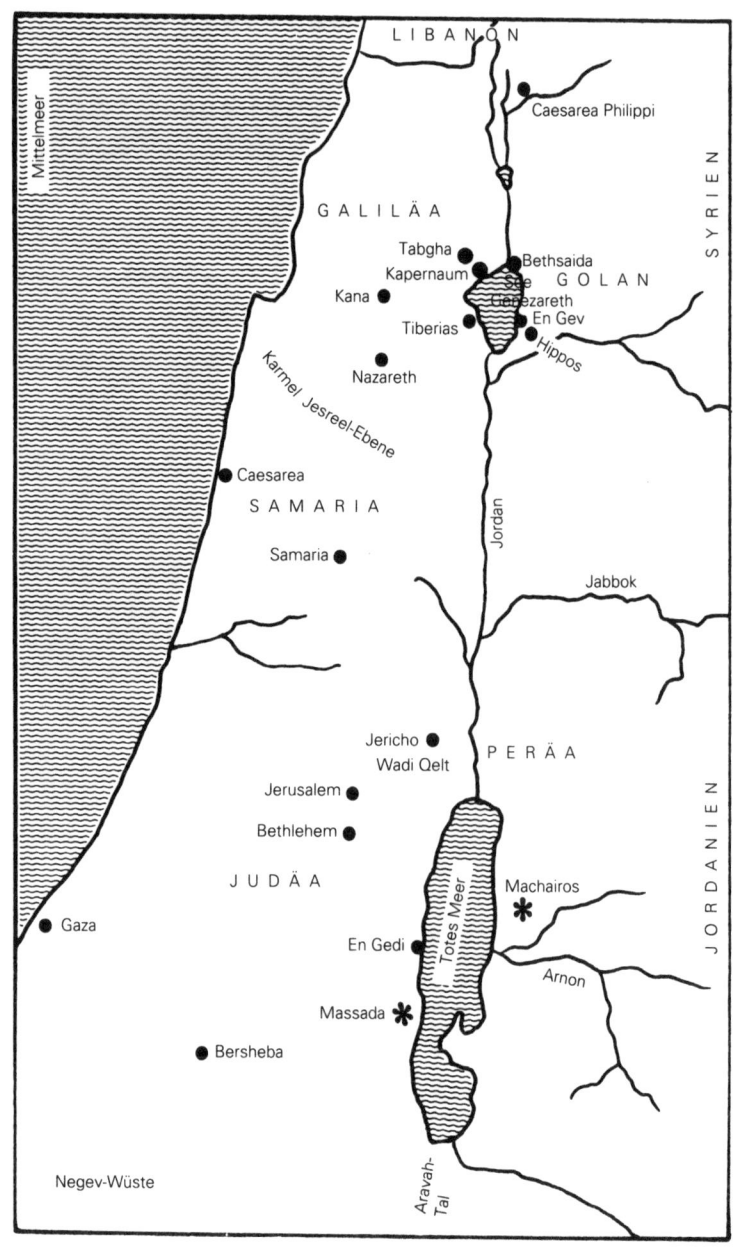

Mittelmeer

LIBANON

Caesarea Philippi

GALILÄA

SYRIEN

Tabgha
Kapernaum   Bethsaida
Kana   GOLAN
                 Genezareth
Tiberias   En Gev
                 Hippos

Nazareth

Karmel Jesreel-Ebene

Caesarea

SAMARIA

Samaria

Jordan

Jabbok

Jericho
Wadi Qelt   PERÄA

Jerusalem

Bethlehem

JUDÄA

Machairos
*

Gaza   JORDANIEN

En Gedi
Totes Meer

Massada *

Arnon

Bersheba

Negev-Wüste

Aravah-Tal

Jutta Radel
Margrit Hug

HÖLLISCH GUT

*Himmlische Gerichte
aus dem Alten und dem Neuen
Testament*

Mit Fotos von Jutta Radel

Waldgut

Unter den Titeln
Margrit Hug
‹Essen und Trinken
im Alten Testament›
und
Jutta Radel
‹Heuschrecken und wilder Honig›
erschienen diese Werke
1984 und 1988
als Einzelpublikationen
im Waldgut

Umschlagfoto
Jutta Radel

Gestaltung Atelier Bodoni
Frauenfeld
Druck und Einband
Wiener Verlag Himberg

ISBN 3 7294 0098 3

Verlag Im Waldgut
Industriestraße 21
CH-8500 Frauenfeld

Margrit Hug

ESSEN UND TRINKEN IM ALTEN TESTAMENT

EIGENTLICH ZÄHLT
NUR DAS BROT

«Brot will ich holen, einen Bissen Brot, daß ihr euch stärkt.
Dann möget ihr weitergehen. Denn darum führte euch euer
Weg an eurem Knecht vorbei.»
Sie sprachen: «Tu so, wie du gesagt hast.»
Da eilte Abraham ins Zelt zu Sara und sprach: «Schnell!
Drei Maß Mehl, Feinmehl. Knete und mache Kuchen!»
1. Mose 18, 5–6

Bei Abraham und Sara, die damals unter den mächtigen Eichen von Mamre wohnten, waren eines Mittags drei unbekannte Männer eingekehrt, und das bedeutete, daß Sara ihre beste Eßmatte ausbreiten und eilends frisches Brot backen mußte. Denn die Regeln aramäischer Gastfreundschaft verlangten, daß ein Fremder, gleichgültig ob Königssohn oder Knecht, ebenso höflich empfangen wurde wie ein langjähriger Freund. Er hatte Anspruch auf einen Ruheplatz im Schatten, auf Wasser und Brot, vielleicht sogar auf ein Stück Fleisch. Abraham jedenfalls zögerte nicht, für seine Gäste ein Mastkälbchen zu opfern und neben dem Wasser auch Milch und Joghurt aufzutragen. Und doch: was wirklich zählte, war das Brot. Mit einem Fremden Brot teilen hieß, ihn zum Freund machen. Sein Brot mit einem Unbekannten zu brechen war das höchste Zeichen von Gastfreundschaft.

Von Brot ist im Alten Testament mehr als zweihundertmal die Rede; oft gilt es als Symbol für Speise überhaupt. Als Hauptnahrungsmittel wurde es anfänglich aus Gersten-, später aus Weizenmehl hergestellt. Mit Sauerteig vermengt und zu runden Fladen geformt, ließ man

Saras Feinweizenbrot
(mit heute üblichen Zutaten)

Zutaten
500 g gesiebtes Weizenmehl
30 g Hefe
1 Eßlöffel Olivenöl
2 Teelöffel Salz
ca. ¼ l lauwarmes Wasser

Zubereitung
Man verarbeite wenig Wasser, die Hefe und etwas Mehl
zum Vorteig, lasse ihn Blasen werfen, füge langsam die anderen Zutaten bei, knete sie zu einem elastischen Teig und
lasse ihn aufgehen. Dann rühre man den Teig mit einer
Holzkelle, damit er zusammenfällt und neu aufgehen muß.
Zweimal wiederholen, evtl. etwas lauwarmes Wasser nachgießen. Jetzt knete man aus dem Teig vier Kugeln, forme
sie zu Fladen, lege sie auf ein mehlbestäubtes Blech, wo
sie ein letztesmal aufgehen dürfen. Schließlich schiebe man
die Brote in den vorgeheizten Ofen und lasse sie 15 bis 20
Minuten backen.

den Teig in glühender Asche oder auf heißen Steinplat-
ten bräunen. Bei Hesekiel lesen wir von einem Misch-
brot aus Weizen, Gerste, Bohnen, Linsen, Hirse und
Spelt. Das Backen gehörte in der Regel zu den Oblie-
genheiten der Hausfrau und wurde am frühen Morgen
erledigt. Backen war aber auch ein Männerberuf: Von jenem Pharao, der sich von Joseph die Träume deuten ließ,
wissen wir, daß er einen Oberhofbäcker beschäftigte. Zu
Jeremias' Zeiten gab es in Jerusalem eine Bäckergasse,
und Bethlehem heißt soviel wie «Haus des Brotes». Der

junge David brachte seinen gegen die Philister kämpfenden Brüdern frische Brote ins Feld und kam dabei mit dem Großmaul Goliath in Kontakt. Allein für seinen Hof benötigte König Salomon täglich 60 Sack gewöhnliches und 30 Sack Semmelmehl.

Die Erfindung des Brotes ist ein Meilenstein in der Entwicklungsgeschichte des Menschen. Weil er dem Brot auf den Geschmack gekommen war und das der Erde anvertraute Saatgut nicht im Stich lassen wollte, wurde der einstige Jäger und Sammler, der Herumschweifer und Abenteurer zum seßhaften Ackerbauern.

DIE LINSEN-LIST

Als Jakob einmal ein Gericht kochte, kehrte Esau erschöpft vom Felde zurück und rief Jakob zu: «Gib mir doch von dem Roten da zu essen, ich kann nicht mehr!» Jakob aber entgegnete: «Erst verkaufe mir dein Erstgeburtsrecht!» Und Esau gab zurück: «Ach was! Ich sterbe ja vor Hunger! Was soll mir das Erstgeburtsrecht helfen?» Da forderte Jakob: «Schwöre erst!» Esau schwor und verkaufte sein Erstgeburtsrecht, und Jakob gab dem Esau Brot und gekochte Linsen.
1. Mose 25, 29–34

E's scheint, als habe Esau nicht einmal gewußt, was «das Rote» war, das er so heftig zu essen begehrte. Uns wenigstens dünkt sein Verhalten als Verkäufer des Erstgeburtsrechts fast ebenso fragwürdig wie das seines betrügerischen Bruders. Zu den berühmtesten Linsen aller Zeiten ist nachzutragen, daß sie vermutlich in einem Schmortopf aus Ton dahinköchelten, auf leisem Feuer. Denn allgemein galt die Regel, daß alle in der Küche erforderlichen Gefäße – Pfannen, Kessel, Krüge, Töpfe – aus Ton gearbeitet waren, während metallenes Geschirr für den kultischen Gebrauch reserviert blieb. Eine Ausnahme bildeten vielleicht die großen Fleischtöpfe, welche die Hebräer in Ägypten kennenlernten und die man sich, da die Ägypter das Kupfer und seine Legierungen schon 3000 Jahre v. Chr. zu nutzen begannen, durchaus als Kupfer- oder Bronzepfannen vorstellen darf. Das Feuer, auf dem man kochte, wurde durch Holz oder Dorngestrüpp unterhalten.

Linsen, Leguminosen aus der Großfamilie der Schmetterlingsblütler, gehören zu den ältesten Nutzpflanzen des Menschen: Sie waren schon in der Jungsteinzeit bekannt. Bei verschiedenen Ausgrabungen wurden in Beerscheba, dort, wo Abraham seinem Gott eine Tamariske gepflanzt hatte, Linsen aus uralter Zeit gefunden. Sie verlangen leicht kalkhaltigen Boden, bilden Ranken von 20 Zentimetern Höhe und blühen bläulich, lila geädert oder weiß. Die Hausfrau, die viele hungrige Kindermäuler zu stopfen hat, schwört auf Linsen, denn sie sind billig, wohlschmeckend, leicht zuzubereiten und sehr sättigend, weil reich an Eiweiß und Kohlehydraten. Im Alten Testament galten Linsen als ideale Soldatenkost. Barsillai aus Gilead versorgte die Truppe Davids, die vor Absalom floh, mit Getreide und Linsen. Samma, einer der drei Helden Davids, rettete mit Todesmut ein Linsenfeld vor plündernden Philistern.

Jakobs Linsentopf

Zutaten
250 g Linsen
1 fein gehackte Zwiebel,
etwas Sellerie, Petersilie, Liebstöckel
1 Liter Bouillon

Zubereitung
Alle Gewürze in etwas Öl andünsten, mit Bouillon ablöschen, Linsen zugeben, Topf auf kleines Feuer stellen, Linsen weichkochen (das dauert etwa 50 bis 60 Minuten), mit etwas Salz und Pfeffer würzen. Falls die Flüssigkeit zu schnell einkocht, 1 bis 2 dl Weißwein nachgießen.

PRIMEURS
AUS ÄGYPTEN

*Wir gedenken der Fische, die wir in Ägypten umsonst aßen,
der Gurken, der Melonen, des Lauchs, der Zwiebeln, des Knoblauchs. Und nun verschmachten wir; es ist nichts da, nichts als
das Manna bekommen wir zu essen...*
4. Mose 11, 5–6

*W*as ist eigentlich Manna? Die Antwort gibt der
Entomologe: «Nichts anderes als an der Luft getrocknete, weißgelbliche Tröpfchen einer Flüssigkeit, die
von gewissen Insekten abgesondert wird, nachdem sie
die Borken der Sinai-Tamarisken durchstochen, den Saft
herausgesaugt und damit ihre Larven versorgt haben.»
Kurz: das Manna ist die Ausscheidung einer Schildlaus.
Wem diese Information ein wenig auf den Magen
schlägt, der möge sich daran erinnern, daß auch sein
Frühstückshonig von den Eingeweiden eines Insekts fa-
briziert wird. Die chemische Analyse von Manna ergibt,
daß es Glukosen, Fruktosen und Pektin enthält, also sehr
kalorienreich und im höchsten Maß dazu geeignet ist,
erschöpfte Wüstenwanderer wieder auf die Beine zu
bringen. Nur – Manna ist extrem süß, so süß, daß es
noch heute vielen Beduinen als Honigersatz dient. Es ist
aber nicht jedermanns Sache, sein tägliches Brot in Form
von Schleckwaren zu verzehren, und dies 20, 30, 40 Jahre lang. Man muß den Kindern Israel schon nachsehen,
daß sie das Manna gelegentlich ins Pfefferland wünschten und sich nach so währschaften Sachen wie gefüllten
Zwiebeln, Gurkensalat, Knoblauchbrot und Lauchsuppe
sehnten.
Das Niltal, von fruchtbarem Schlamm Jahr um Jahr

überflutet und gedüngt, war das Schlemmerland der Gemüse. Als die Völker der umliegenden Länder sich noch lange mit Hammelfleisch, Gerste und wildwachsenden Kräutern begnügten, gab es in Ägypten bereits gewerblich betriebenen Gemüsebau; und die Kinder Israel, obwohl allmählich auf den Status von Leibeigenen heruntergedrückt, profitierten von den Gemüsetöpfen Ägyptens. Sie schwelgten in Lauch-, Zwiebel- und Kohlgerichten und begannen selber Gurken und Melonen zu

Grüne Gerstensuppe

Zutaten
120 g Rollgerste
knapp 2 l Wasser
3 Eßlöffel rote Bohnen
1 fein gehackte Zwiebel
1 Eßlöffel fein gehackte Küchenkräuter
1–2 dicke, ungebleichte Lauchstengel, in Rädchen geschnitten
Salz, Pfeffer
1 dl Vollrahm

Zubereitung
Man rühre Gerste und Bohnen ins kalte Wasser ein und bringe es zum Sieden. Nur durch wiederholtes Rühren läßt sich vermeiden, daß die Gerste am Topfboden festklebt oder über den Rand schäumt. Nach einer guten Stunde gibt man Lauch und Zwiebeln dazu. Die Suppe darf dreimal aufkochen, ehe sie, zugedeckt, für ein weiteres Stündchen auf kleineres Feuer gesetzt und noch zwei-, dreimal gerührt wird. Jetzt kommen die Küchenkräuter hinzu, die Suppe wird mit Pfeffer und Salz gewürzt. Kurz vor dem Anrichten wird der Rahm untergezogen.

ziehen. Das bittere Kraut jedoch, das der Herr seinem Volk am ersten Passa, kurz vor dem Auszug, zu essen befahl, war nichts anderes als unser braver Wintersalat, der in feuchtem Sand gezogene Stengel, den wir als «Endive belge» kennen.

KLUGE KÖCHIN
ABIGAIL

Da nahm Abigail schnell zweihundert Brote, zwei Schläuche
Wein, fünf zubereitete Schafe, fünf Scheffel geröstetes Korn,
hundert getrocknete Trauben und zweihundert Feigenkuchen
und lud sie auf die Esel. Dann sprach sie zu ihren Leuten:
«Geht mir voraus, ich komme euch gleich nach.»
1. Sam. 25, 18–19

*E*in Blick auf ihren Provianthaufen läßt vermuten, daß
Abigail, die kluge Frau des Nabal, die eine blutige
Auseinandersetzung zwischen dem Heerführer David
und ihrem Mann verhütete, auch eine umsichtige Hausfrau und Köchin war. Die Lebensmittel, die sie für David
und seine Truppe zusammenstellte, sprechen von einer
schmackhaften, wohlausgewogenen, hochwertigen Kost.
Freilich konnte Abigail von Begriffen wie Vitaminen,
Spurenelementen und Mineralsalzen keine Kenntnis haben; um so bemerkenswerter ist ihr aus Beobachtung,
Erfahrung und Neugier gewachsenes Wissen. Ihre gebratenen Schafe waren das beste Fleisch, das sie anbieten
konnte; es stammte von frei weidenden, nicht gemästeten Tieren. Die Körner waren sicher in Olivenöl geröstet und enthielten genügend Vitamin B_1, Vitamin B_6,
Vitamin E und Pantothensäure. Die getrockneten Trauben und die Feigenkuchen lieferten energiespendenden
Zucker, Mineralsalze und Spurenelemente.
Anstelle der Schafe hätte Abigail auch Ziegen, Tauben
oder ein Kälbchen anbieten können, nicht aber Esel-,
Kamel- oder Schweinefleisch. Das Braten war eine etwas
jüngere Zubereitungsart als das Kochen, wird jedoch

schon beim ersten Passa, kurz vor dem Exodus, erwähnt: «...*das Fleisch aber sollen sie in derselben Nacht noch essen; am Feuer gebraten sollen sie es essen, und ungesäuertes Brot mit bitteren Kräutern dazu*» (2. Mose 12, 8). Gekocht wurde Fleisch nicht nur in Wasser, sondern auch in Milch; aber nie durfte ein Böcklein in der Milch seiner Mutter sieden, und nie durften ein Muttertier und sein Junges am gleichen Tag geschlachtet werden. Raubvögel zu essen war verboten; desgleichen Insekten, mit Ausnahme der Heuschrecken, von denen vier Arten zu den reinen Tieren zählten und als Leckerbissen galten.

Lammkeule für David

Zutaten
1 gut gelagerte Lammkeule, 1,8 bis 2,0 kg schwer
3 längs halbierte Knoblauchzehen
Senf, Pfeffer, Salz, Thymian
Olivenöl
1 dl heiße Bouillon

Zubereitung
Mit der Spitze eines scharfen Messers auf der fetten Seite der Keule sechs Einschnitte machen und in jede Öffnung einen Knoblauchstift stecken. Keule reichlich mit Senf einreiben, mit Pfeffer, Salz und Thymian würzen, mit der mageren Seite nach unten auf ein eingeöltes Backblech (oder in große Gußeisenpfanne) legen, mit ½ dl rauchheißem Öl übergießen, im vorgeheizten Ofen auf die unterste Rille schieben und 20 Minuten braten. Keule wenden, 1 dl heiße Bouillon darübergießen. Den Gigot alle 15 Minuten mit dem Fleischjus begießen und insgesamt 100 bis 120 Minuten braten lassen (d. h. so lange, bis der austretende Saft rosa ist). Falls die Oberseite zu schnell anbräunt, mit Pergamentpapier abdecken.

OLIVE UND ÖLBAUM

Einst gingen die Bäume hin,
einen König über sich zu salben.
Und sie sprachen zum Ölbaum: Sei unser König!
Aber der Ölbaum antwortete ihnen:
Soll ich meine Fettigkeit lassen,
mit der man Götter und Menschen ehrt,
und hingehen, über den Bäumen zu schweben?
Richter 9, 8–9

Die Anfangsverse von Jothams Fabel über die Bäume, die sich einen König wünschten und schließlich mit dem Dornbusch vorliebnehmen mußten, zeigen, daß von den in Palästina heimischen Bäumen der Ölbaum das höchste Ansehen genoß. In jedem Dorf standen Ölbäume, und wenn im Westjordanland von Wäldern die Rede war, handelte es sich meist um Olivenhaine. Das Olivenöl war den Israeliten ebenso wichtig wie Korn und Wein; es wurde zum Kochen, Backen, Braten gebraucht, war aber auch im Kult, in der Kosmetik, in der Medizin und als Brennstoff für Lampen unentbehrlich. Oliven, die weder ausgepreßt noch frisch konsumiert wurden, legte man zur Konservierung in Salzwasser ein. Zur Zeit der Könige war die Ölerzeugung ein großes Geschäft. David stellte für die Verwaltung seiner Ölplantagen eigens einen Beamten ein; und Salomon lieferte Hiram, dem König von Thyrus, jährlich 730 000 Liter feines Olivenöl, das dieser mit den schönsten Zypressen- und Zederstämmen der Libanonhöhen bezahlte.

Der Ölbaum ist seit uralter Zeit bekannt; schon Noahs Taube flog mit einem frischen Ölblatt im Schnabel zur

Libanesisches Kalbfleisch

Zutaten

800 g Kalbfleisch von der Schulter, in kleine Würfel geschnitten
1 dl Olivenöl
1 fein gehackte Knoblauchzehe
8 geschälte zerdrückte Tomaten mit Saft (Pelati aus der Dose eignen sich gut)
Salz, Pfeffer, Origano
250 g schwarze Oliven

Zubereitung

Knoblauch und Fleisch im heißen Öl wenden und leicht anbräunen, mit dem Tomatensaft ablöschen, die Hälfte der Tomaten beifügen, das Fleisch unter gelegentlichem Rühren zugedeckt eine Stunde auf leisem Feuer schmoren lassen. Die restlichen Tomaten dazugeben, das Gericht noch eine halbe Stunde köcheln lassen. Mit Pfeffer, Salz, Origano würzen, die Oliven unter das Fleisch mischen, nach weiteren zehn Minuten anrichten. Weißer Reis paßt am besten dazu.

Arche zurück. Der Baum steht am liebsten auf kalkhaltigem Boden und ist dankbar, wenn man die Erde um seinen Stamm ab und zu aufhäckelt und seine immergrüne Laubkrone von dürrem Astwerk befreit. Oliven sind grün, rötlichgelb oder schwarz, länglich oder rund, klein wie Kirschen oder groß wie Baumnüsse. Das Öl wird aus dem Fruchtfleisch gewonnen, und zwar liefern fleischige Früchte spärlicheres und minderwertigeres Öl als magere Sorten. Bei den Israeliten wurden die vom Baum geschüttelten oder mit einem Stock heruntergeschlagenen

Oliven in Ölpressen oder im Mörser zerquetscht, das Öl je nach Qualität sortiert und in Tonkrüge und Schläuche abgefüllt. Ein einfaches Verfahren der Ölgewinnung war das Zerstampfen der Oliven in einer aus dem Fels gehauenen Kelter, aus der der Saft in die darunterliegende Kufe floß. Goß man am Schluß heißes Wasser dazu, ließ sich das obenauf schwimmende Öl mühelos abschöpfen.

AM ANFANG
WAR AUCH DIE FEIGE

*Da gingen den beiden die Augen auf, und sie wurden gewahr,
daß sie nackt waren. Sie flochten Blätter von Feigen zusammen und machten sich Schürzen.* 1. Mose 3, 7

W enn wir nachlesen, was uns die biblischen Chronisten über die Urgeschichte des Menschen aufgezeichnet haben, begegnen wir vom Tag des Sündenfalls bis zum Datum der Sintflut nur einer Pflanze, die deutlich mit Namen genannt wird: der Feige. Und wenn es unter den Bäumen so etwas wie Archetypen gäbe, würde der Feigenbaum zweifellos dazugehören. In ganz Vorderasien, in Syrien, Palästina, Ägypten und auch auf Kreta wuchs er, am liebsten als Einzelgänger, in Weinbergen, Gärten und auf Feldern zu stattlicher Höhe heran – ein Schmuck der Landschaft, ein Spender von Früchten, die zweimal jährlich geerntet werden konnten: im Juni, klein und delikat, die beliebte Frühfeige; vom August bis zum Spätherbst die große Sommerfeige, die auch halbreif ausgezeichnet schmeckte. Jeder Vorübergehende durfte sie pflücken. Aus getrockneten Feigen, aber auch aus Rosinen, bereitete die israelitische Hausfrau köstliche kleine Kuchen zu, indem sie die Früchte mit Pinien- oder Mandelsplittern mischte, tüchtig durchknetete und in Formen preßte. Soldaten schätzten den Feigenkuchen als Zwischenproviant. Indem er Früchte wie Feigen, Datteln, Rosinen und Johannisbrotschoten verzehrte, stillte der Bewohner Palästinas sein starkes Bedürfnis nach Süßem, denn zu jener Zeit war Zuckerrohr noch unbekannt und Bienenhonig nicht immer verfügbar.
Die Feige gehört in die tropische Familie der Maul-

Feigenkompott
(gegen träge Verdauung)

Zutaten
500 g getrocknete Feigen
1 Handvoll Rosinen
1 Eßlöffel Honig
2 Eßlöffel Zitronensaft

Zubereitung
Feigen über Nacht einweichen, anderntags mit dem Einweichwasser und den Rosinen aufkochen, 5 Minuten simmern lassen, mit Honig und Zitronensaft abschmecken und kaltstellen.

---

beergewächse, gedeiht aber auch in gemäßigten Zonen wie etwa in Südtirol oder im Tessin. Bei mehreren Propheten des Alten Testaments erscheint das Bild von Weinstock und Feigenbaum, unter deren Laub die Bruderstaaten Israel und Juda in Eintracht und Frieden leben, als Inbegriff des Glücks. Mit einem einfachen Feigenpflaster heilt Jesaia seinen König Hiskia von schwerer Krankheit. Ein Korb mit guten und ein Korb mit ungenießbaren Feigen stehen im Mittelpunkt der Vision, die

Frische Feigen als Vorspeise

Pro Person ein Desserttellerchen mit sechs bis acht dünnen Bündnerfleischscheiben belegen, je eine grüne und eine blaue Feige dazugeben und kühlstellen.

der Herr seinen Propheten Jeremia schauen läßt. Und in
Jothams Fabel von den Bäumen, die sich einen König
wünschen (Richter 9, 8–15), lesen wir:

Da sprachen die Bäume zum Feigenbaum:
So komm du und sei unser König!
Aber der Feigenbaum antwortete ihnen:
Soll ich meine Süßigkeit lassen,
und meine köstliche Frucht,
und hingehen, über den Bäumen zu schweben?

HUNGER NACH HONIG

Iß Honig mein Sohn, denn er ist gut,
und süß ist Honigseim für deinen Gaumen.
So ist auch, wisse, die Weisheit für deine Seele.
Sprüche 24, 13–14

*A*ls Gaumenfreude, Genuß- und Kräftigungsmittel, als Kucheningredienz und natürlicher Süßstoff, als Geschenkartikel und begehrte Handelsware wird der Honig im Alten Testament mehr als vierzigmal aufgeführt. Leider wird dabei nie spezifiziert, ob es sich um echten Bienenhonig oder um den in Vorderasien weitverbreiteten und beliebten Fruchthonig aus eingedicktem Trauben-, Feigen- oder Dattelsaft handelte: für beide wurde der Name «d-basch» verwendet. Mit Sicherheit Bienenhonig ist eigentlich nur der Honig, den Simson, der Geliebte der Dalila, im Bauch des Löwen entdeckte, den er kurz zuvor mit bloßen Händen zerrissen hatte. Auch die vollen Waben auf dem Berg Ephraim, die Saul seinen Truppen zu berühren verbot, dürften echt gewesen sein. Doch bei dem Honig, den Jakob seinen Söhnen nebst Balsam, Myrrhe, Nüssen und Mandeln als Geschenk für den ägyptischen Regenten und Kornverwalter mitgab, melden sich leise Zweifel an; und die Männer schließlich, die Moses nach Kanaan vorausschickte, das verheißene Land auszukundschaften, kehrten nicht mit Bienenwaben, sondern mit Trauben, Granatäpfeln und Feigen zurück. Noch viele andere Indizien sprechen dafür, daß mit «Honig» sehr oft Traubenhonig gemeint war.

Bienenhonig stand (und steht noch) im Ruf, etwas Ed-

Traubenhonig

Zutaten
1 kg blaue Tafeltrauben
Gelierzucker (1 kg auf 1 Liter Saft)
2 Eßlöffel Zitronensaft

Zubereitung
Traubenbeeren waschen, mit Wasser knapp bedecken, zum Sieden bringen und so lange köcheln lassen, bis ein dickes Traubenmus entsteht. Ein großes Lochsieb in eine Schüssel stellen, Sieb mit Gazewindel auslegen, Traubenmasse hineinschütten, gründlich abtropfen lassen und Windel zuletzt auspressen. Den so gewonnenen Saft in die Pfanne zurückgießen, Gelierzucker einrühren, Zitronensaft beifügen, alles rasch zum Kochen bringen und ein bis zwei Minuten brodeln lassen. Sofort in vorgewärmte verschließbare Gläser füllen, Deckel zuschrauben und Gläser bis zum Erkalten auf den Kopf stellen. Traubenhonig wird im Kühlschrank aufbewahrt.

---

les, Exklusives und ganz und gar Unersetzliches zu sein. Dabei ist seine chemische Analyse eher enttäuschend. Sein beträchtlicher Gehalt an verschiedenen Zuckerarten macht ihn für unsere Zähne nicht empfehlenswerter als gewöhnlichen Rübenzucker; und die Mineralstoffe, Spurenelemente, Vitamine und Proteine, die er liefert, finden sich auch in anderen Lebensmitteln, nur vielleicht nicht in solch perfekt ausgewogener Zusammensetzung. Auch soll der Honig, ohne den Verdauungsapparat zu belasten, sofort ins Blut übergehen und in kürzester Zeit neue Energien spenden. Mit Großmutters berühmter Honigmilch gegen Bronchitis und Erkältungen der oberen Luftwege ist es freilich so, daß sie nur wirken kann, wenn die Honig-Enzyme nicht zu stark erhitzt werden: bei einer Temperatur von mehr als 60 Grad werden sie zerstört. Vom Bienenhonig im Alten Testament ist anzunehmen, daß er von wilden Bienen stammte, die in Felsspalten und hohlen Bäumen hausten. Honigbienen gibt es übrigens seit 6 Millionen Jahren, wie versteinerte Funde belegen, und schon der Steinzeitmensch hielt das Bild der Biene in Höhlenzeichnungen fest.

FREMDE DÜFTE
IN SALOMOS KÜCHE

*Und sie gab dem König 120 Talente Gold und Spezerei in
großer Menge und Edelsteine; nie wieder kam so viel Spezerei
ins Land, wie sie die Königin von Saba dem König Salomo gab.*
1. Könige 10, 10

Im Gegensatz zu seinem Vater David, der Soldatenkost
liebte (Linsensuppe, Hammel vom Feuer, frische Feigen, Käse, grüne Schalotten), war Salomo ein Mann der
feinen Genüsse, der zu Luxus und Wohlleben neigte. Er
wohnte nicht im Zelt, sondern in einem Palast mit ange-
bautem Frauenhaus; und an seiner Tafel, an der er täglich fremde Diplomaten, Kuriere und höhere Beamte zu
Gast hatte, wurde von goldenen Tellern gegessen und
aus goldenen Bechern getrunken. An neuen Einfällen für
verlockende Gerichte herrschte kein Mangel, denn der
königliche Haushofmeister durfte zweifellos auf die Rezepte zurückgreifen, welche die 700 mit Salomo ver-
mählten, meist ausländischen Fürstinnen in die Ehe gebracht hatten. Durch Salomos Residenz wehten alle
Wohlgerüche orientalischer Märkte. Ihm selber fiel es
dank seiner Handelsbeziehungen zu Phönizien, Ägypten,
Arabien, Ostafrika und Indien nicht schwer, seine Köche
mit immer neuen exquisiten Gemüsen und Gewürzen zu
versorgen. Er fand aber auch Gefallen an einheimischen
Gerichten, von denen ihm, wie uns das Protokoll über
seinen täglichen Lebensmittelbedarf (1. Kön. 4, 22–24)
lehrt, Wildbret und Geflügel besonders gut schmeckten.
Wenn im Alten Testament von Geflügel gesprochen
wird, sind fast immer Tauben, Wachteln oder Rebhühner

Gefüllte Tauben
für die Königin von Saba

Zutaten
4 bratfertige Tauben à 400–500 g
4 dl Hühnerbrühe
Pfeffer, Salz, Rosmarinpulver

Füllung
120 g ganz knapp gekochter Reis (als Ersatz für die Weizenkörner des Originalrezepts), der mit 1 fein gehackten Zwiebel in etwas Öl angedämpft,
mit 2 EL Pinienkernen,
2 EL Rosinen und
2 EL grünen Erbsen vermischt und mit Pfeffer und Salz gewürzt wird

Zubereitung
Die Tauben trockentupfen, mit Pfeffer, Salz, Rosmarin bestäuben und mit dem Reisgemisch füllen. Die Halshaut mit einem Spießchen auf dem Rücken feststecken, die Bauchöffnung mit Kuchengarn zunähen. Die Tauben mit Olivenöl einpinseln, mit dem Rücken nach oben in eine große Gußeisenpfanne legen und die Hühnerbrühe dazugießen. Auf der Herdplatte zum Kochen bringen, zudecken und in den auf 220 Grad vorgewärmten Ofen schieben. Die Tauben nach 60 Minuten abdecken, mit dem Saft aus der Pfanne begießen und 20 Minuten ohne Deckel weiterschmoren lassen. Bei der Gabelprobe darf der austretende Saft nicht mehr rötlich sein.

gemeint; von einem gewöhnlichen Haushuhn ist nirgends die Rede, ebensowenig von Enten und Gänsen. Zu den Hühnervögeln gehörten auch die Pfauen, die in Salomos Geflügelhof ihr Rad schlugen, aber die waren sicher weniger zum Verspeisen als zur Dekoration gedacht. Wachteln in großer Zahl bewahrten die Kinder Israel einst vor dem Hungertod und wurden auch nach der Landnahme als Leckerbissen geschätzt, obgleich die Vögel als Portion eher bescheiden, im Fleisch jedoch sehr fett sind, wie der Talmud festhält. Tauben hingegen waren in der Größe gerade richtig und delikat im Geschmack. Die Taube war denn auch der älteste und lange Zeit der einzige Hausvogel der Israeliten; sie durfte geopfert werden und galt sogar als das wichtigste Opfertier der Armen: Wer sich kein Zicklein oder Lamm leisten konnte, durfte es ohne Gewissensbisse durch zwei Tauben ersetzen – eine Kultregel, welche die Präsenz der vielen Taubenhändler in den Tempelhöfen erklärt.

WASSER UND WEIN

Quill empor, Brunnen!
Singet ihm zu,
dem Brunnen, den Fürsten gruben,
den die Edlen des Volkes bohrten
mit dem Szepter, mit ihren Stäben.
4. Mose 21, 17–18

*W*üstenvölker wissen, wie man mit Wasser umgeht:
maßvoll und behutsam. Wasser gilt ihnen als Lebenselement überhaupt. Mit Brot zusammen bildet es die Basis menschlicher Ernährung. Wer Durst hat, muß trinken können, und wehe dem, der einem Durstigen Wasser verweigert. Wer stundenlang barfuß durch den heißen Sand geht, hat Anspruch auf ein abendliches Fußbad. Wer eine Herde Rinder oder Ziegen durch die Steppe führt, muß eine Wasserstelle kennen, wo er seine Tiere tränken kann. Die Erzväter, heißt es, hätten selber Hand angelegt, wenn unterwegs ein neuer Brunnen zu bohren war, und von Moses wird berichtet, daß er dem König von Edom alles Wasser zu bezahlen versprach, das die Israeliten und ihre Herden auf ihrem Treck über die Königsstraße von Edom verbrauchen würden. Kurz zuvor, noch in der Wüste Zin, war der Wassermangel so schlimm geworden, daß die Israeliten sich bedrohlich murrend wider Moses wandten – und es kam der große Augenblick, da Moses seinen Stab ergriff, zweimal auf den Fels klopfte und dem Gestein lebendig sprudelndes Wasser entlockte. In Palästina waren es vor allem Grundwasserbrunnen, natürliche Quellen und später Regenwasserzisternen, die den Wasserbedarf der Siedlungen deckten. Wohl durfte, wer einen Brunnen gegraben, ihn

als sein Eigentum betrachten; im allgemeinen aber wurden Besitz und Nutzungsrechte der Wasserstellen durch Sitte und persönliche Abmachungen geregelt: Wasser gehörte allen, Wasser durfte kein Anlaß zu Streit sein.

Singen will ich von meinem Freunde, das Lied meines Freundes von seinem Weinberg! Mein Freund hatte einen Weinberg auf fetter Bergeshöhe. Den grub er um und säuberte ihn von Steinen und bepflanzte ihn mit edlen Reben. Er baute einen Turm in seiner Mitte, auch eine Kelter hieb er darin aus.
Jesaja 5, 1–2

Zu den ersten Arbeiten, die Noah nach dem Verlassen der Arche vornahm, gehörte das Pflanzen und Pflegen von Reben, denn Noah kann wohl als erster Weinbauer der Bibel gelten. Daß er dem eigenen Produkt gerne, manchmal sogar im Übermaß zusprach, bezeugt der Zusammenstoß mit seinem jüngsten Sohn Ham: Weil dieser seinen Vater berauscht und nackt im Zelt erblickt und seinen Brüdern Sem und Japhet davon erzählt hatte, wurde er von Noah dazu verdammt, seiner Brüder Knecht zu sein. In Palästina konnte ein Weinberg in der Ebene oder auf terrassierten Hügeln angelegt werden; wichtig war nur, daß die Erde locker war und regelmäßig von Steinen und Unkraut gesäubert wurde. Neben Brot und Öl gehörte der Wein zu den wichtigsten Konsumgütern des Landes; er wurde als Freudenbringer und Gottesgabe gepriesen. Schon die Weinlese, die im Frühherbst einsetzte, war eine Zeit der Ausgelassenheit und guten Laune. Junge Winzer brachten die frisch gepflückten Trauben in Körben zur Kelter und halfen mit, den hellroten Traubensaft, der später vielleicht das Prädikat «lieblicher Landwein» verdienen würde, in Krüge oder Schläuche abzufüllen. Frisch und unvergoren, als sogenannter Most, konnte man ihn jedem Kind anbieten; ließ man ihn gären, mußte er in andere Behälter umgegossen werden. Wer einen schweren Wein wünschte, ließ ihn längere Zeit auf dem Bodensatz stehen und filterte ihn kurz vor Gebrauch. Saurer Wein wurde meist mit Wasser gemischt, was den Essig ergab; in diesem Fall keine Salatzutat, sondern ein erfrischendes Getränk für Landarbeiter und Soldaten.

FISCHE

Und alle lebenden Wesen, alles, was dort wimmelt, wohin immer der Fluß kommt, das wird leben, und die Fische werden sehr zahlreich sein. Wenn dieses Wasser dorthin kommt, wird das Wasser (der Salzflut) gesund. Und es werden Fischer an ihm stehen; von En-Gedi bis En-Eglaim wird man die Fischernetze ausbreiten. Seine Fische werden sehr zahlreich sein, so zahlreich wie die Fische des großen Meeres.
Hesekiel 47, 9–10

Palästina, reich an Korn, Öl und Wein, war überdies ein wahres Fischreservoir. Seine Flüsse und Seen wimmelten von ihnen, und auch das Mittelmeer lieferte Wassertiere, die als eßbar galten, weil sie Flossen und Schuppen hatten, wie es das Gesetz verlangte. Von den Kindern Israel heißt es, daß sie sich auf ihrem Wüstenmarsch ins Gelobte Land wehklagend der Fische erinnerten, die sie in Ägypten als billige Nahrung genossen hatten; und später, in nachexilischer Zeit, als Nehemia die Stadt Jerusalem neu aufbaute, war von einem Fischtor im Ring der Stadtmauer die Rede und von einem Fischmarkt, den die Tyrener unterhielten und wo zu Nehemias Ärger sogar am Sabbat gepökelter Meerfisch von Tyrus zu kaufen war. Fast alle Textstellen, die von Fischen handeln, beziehen sich auf Fische aus dem Mittelmeer oder dem Nil; nur Hesekiel meinte den Jordan und das Tote Meer, als er in seiner Endzeitvision das bis dahin unfruchtbare Gewässer voll von Leben sah. Keiner der Fische wurde wissenschaftlich bestimmt oder genau benannt. So war Jonas' Riesenfisch ziemlich sicher kein Wal, sondern eher ein kleiner Hai, und mutet im

übrigen so märchenhaft an, daß sich eine zoologische Deutung von selbst verbietet.

Mit der Galle eines gewaltigen Fisches, den er auf seiner Reise von Ninive nach Ekbatana im Tigris erbeutet und aufs Land geschleudert hatte, heilte der junge Tobias die erblindeten Augen seines Vaters; und mit dem Rauch, den er entfachte, indem er Herz und Leber des nämlichen Fisches auf die Glut legte, vertrieb Tobias den bösen Geist Asmodi und erlöste damit die liebreizende Ragueltochter Sara von dem Fluch, der so lange auf ihr gelegen hatte.

Karpfen mit Lauch au gratin

Zutaten
800 g Karpfen
½ l Milch
etwas Mehl, Pfeffer, Salz
½ TL Paprika
1 kleiner grüner, in feine Ringe geschnittener Lauchstengel

Zubereitung
Den Karpfen in gut fingerdicke Scheiben schneiden, die Stücke in Mehl wenden und in eine reichlich eingeölte Gratinform legen. Den Lauch darüberstreuen. Pfeffer, Salz und Paprika in der Milch verquirlen und über den Fisch gießen; die Flüssigkeit soll diesen jedoch nicht bedecken. In vorgewärmtem Ofen bei 250 Grad 20 bis 25 Minuten gratinieren.

MILCH IST EIN GANZ BESONDERER SAFT

…dann hast du Lämmer
zu deiner Bekleidung
und Böcke als Kaufpreis
für einen Acker,
hast Ziegenmilch genug zur Nahrung
für dich und dein Haus
und zum Unterhalt für deine Mägde.
Sprüche 27, 26–27

Viehzucht und Ackerbau waren Palästinas wichtigste Erwerbszweige. Während der Ackerbauer ein festes Heimwesen hatte und nur gerade so viele Tiere besaß, wie er zur Bestellung seiner Felder benötigte, waren die Viehzüchter darauf angewiesen, daß die Hirten, die mit der Herde wanderten, immer wieder weiträumige Grassteppen und ein Wasserloch fanden. Nur wohlhabende Viehzüchter konnten es sich leisten, Knechte und Hirten zur Betreuung ihrer Schafe und Rinder anzustellen. In vielen Familien waren es die heranwachsenden Kinder, die das Amt des Hüters übernahmen; frühmorgens zogen sie mit der Herde zu den Weideplätzen und holten sie abends in den heimischen Pferch zurück. Die in beachtlichen Mengen abgemolkene Milch wurde in Schläuche aus gegerbter, gut verpichter Ziegenhaut abgefüllt. Den Rahm schöpfte die Hausfrau ab und bewahrte ihn in einem Spezialkrug zum Buttern auf. Aber auch in den Ziegenhäuten ließ sich die Milch nicht lange kühl halten; sie verwandelte sich bald in angenehm säuerliche Dick-

Gurken an Joghurtsauce

Zutaten

1 große, möglichst kernfreie Gurke
4 Gläser Joghurt natur
½ Becher Halbrahm
1 Eßlöffel gehackter Dill
1 fein gehacktes Pfefferminzblatt
Pfeffer und Salz

Zubereitung

Joghurt, Halbrahm und alle Gewürze außer dem Dill drei Minuten mit dem Schwingbesen schlagen. Die Gurke schälen, in kleine Würfel schneiden oder mit der Röstiraffel grob raffeln und mit dem Joghurt mischen. Kühl stellen und vor dem Auftragen mit Dill bestreuen.

---

milch, die in kleinen Schalen herumgereicht und mit etwas Brot aufgetunkt wurde.

Die Israeliten waren eigentlich fast immer von Tieren umgeben; weiße Fettschwanzschafe, schwarze Kanaanziegen, kurzhornige und langhornige Rinder und höckrige Zebus bildeten den Hauptbestandteil der israelitischen Herden. Großgrundbesitzer wie Abraham, Nabal und Hiob besaßen Tausende von Tieren und damit einen unschätzbaren Reichtum. Schafe, Ziegen und Kühe lieferten ja nicht nur Milch, sondern auch Wolle, feines Leder und Fleisch, und zudem waren die Rinder beim Pflügen und Dreschen unersetzliche Arbeitskräfte.

KOCHSALZ
UND PFEFFERMINZE

Kann man auch Fades essen ohne Salz?
Ist Wohlgeschmack im Schleim des Dotters?
Hiob 6, 6

D as Salz, von dem hier die Rede ist, das Mineral mit der chemischen Formel NaCl, unser Kochsalz, wurde in Palästina aus den Salzlachen an den Ufern des Toten Meeres gebrochen und in Form von Klumpen oder Ziegeln in die umliegenden Siedlungen und Städte geliefert. Infolge der ungewöhnlich starken Verdunstung des Toten Meeres, das eigentlich ein abflußloser See ist, beträgt sein Salzgehalt oft bis zu 22 Prozent. An Salz war also kein Mangel; dennoch hatte es seinen Preis, der auch willig bezahlt wurde, denn das Salz war das unentbehrlichste aller Gewürze. Es hob den Wohlgeschmack der Fleisch- und Gemüsegerichte, machte das Brot zu einem Genuß, verhinderte das Verfaulen frischer Eßwaren und ermöglichte das Einlegen und Konservieren gewisser Lebensmittel. Jesus Sirach, der Verfasser des Spruchbuchs, zählt das Salz zu den zehn wichtigsten Lebensgütern des Menschen. Neugeborene Kinder wurden von der Hebamme mit feinem Salz eingerieben – eine symbolische Geste des Schutzes für das neue Lebewesen. Lampenöl mit Salz zu mischen, damit die Flamme heller wurde, war ein ägyptisches Rezept. Wer mit einem Nachbarn oder Bekannten Salz kostete, schloß mit ihm einen unauflösbaren Bund.

Das Angebot an pflanzlichen Gewürzen war in Palästina enttäuschend gering. Kräuter der Urzeit wie etwa

36

Rosmarin, Basilikum, Thymian, Petersilie und Salbei werden im Alten Testament nicht einmal erwähnt. Immerhin, der Senf, dessen Körner als Würze für Gemüsekonserven dienten, wuchs überall im Lande; der Dill, der leicht zu ziehen war, galt als klassisches (Gurken-)Salatgewürz, und der Kümmel wurde nicht nur in den Brotteig gemischt, sondern auch über Gemüsegerichte gestreut. An Böschungen und Wegrändern schließlich wucherte die Minze, die, frisch aufgebrüht, einen köstlichen grünen Tee ergab.

Syrische Salz-und-Kümmel-Stangen

Zutaten für etwa 30 Stangen
200 g gesiebtes Mehl
140 g Butter
3 EL Vollrahm
grobes Kristallsalz
Kümmelsamen
1 Eigelb

Zubereitung
Aus dem Mehl, der in Stücke geschnittenen Butter, dem Rahm und etwas Tafelsalz einen Teig kneten. Aus dem Teig eine Rolle formen, die Rolle in etwa 30 Rondelle schneiden und diese zu etwa 12 cm langen und 1 cm breiten Stangen drehen, mit Eigelb bestreichen, mit dem groben Salz und dem Kümmel überstreuen und im vorgeheizten Ofen 10 bis 12 Minuten backen.

DATTELN UND DATTELPALMEN

Der Gerechte sproßt wie der Palmbaum,
wächst hoch wie die Zeder auf dem Libanon.
Gepflanzt im Hause des Herrn, sprossen sie auf
in den Vorhöfen unseres Gottes.
Noch im Alter tragen sie Frucht,
sind saftvoll und frisch (…)
Psalm 92, 13–15

*M*an vermutet, daß der Anbau der Dattelpalme auf die alten Sumerer zurückgeht, jenes geheimnisvolle Volk, das vor mehr als 6000 Jahren über Südpersien ins Zweistromland einwanderte, herrliche Tempel und Paläste baute und die Keilschrift erfand. Die Sumerer nahmen auch die Dattel in Kultur, eine der ältesten Pflanzen unseres Planeten und lange Zeit der wichtigste fruchttragende Baum im Alten Orient. Es ist denkbar, daß der Wüstenwanderer Abraham, als er von Ur aufbrach, um über Haran nach Kanaan zu gelangen, in seinem Gepäck auch Datteln mitführte: getrocknete, in Schafhäute eingenähte Früchte, die als Reiseproviant dienten. Die Kerne mag er dann, kann man sich vorstellen, in palästinensische Erde gepflanzt und die ersten Dattelpalmen gezogen haben. Der neue Baum fand rasch große Verbreitung und wurde im ganzen Jordantal, in den Küstenebenen, aber auch auf den Hügeln angebaut und gepflegt. In Elim, der ersten Station des Wüstenzuges, fanden die erschöpften Israeliten zu ihrer Labung zwölf Wasserquellen und 70 Dattelpalmen. Jericho, die alte Stadt in der Jordansenke, trug als Beiwort den

Feine Datteltorte

Zutaten
280 g entsteinte Datteln
280 g gemahlene Mandeln
280 g Zucker
8 Eigelb
8 steif geschlagene Eiweiß
1 TL Vanillezucker
1 EL Backpulver

Zubereitung
Eigelb und Zucker schaumig rühren, Mandeln, fein zerschnittene Datteln, Backpulver und Eischnee hinzufügen, den Teig in eine Springform geben und im vorgewärmten Ofen bei mäßiger Hitze eine Stunde backen.

schmückenden Namen «Palmenstadt». Im Schatten von Dattelpalmen sprach Debora, die Richterin, Prophetin und Poetin, ihr Rechtsurteil. Palmblattmotive zierten die goldenen Wände von Salomos neuem Tempel in Jerusalem. Und Tamar, das hebräische Wort für Dattelpalme, war auch ein beliebter Mädchenname.

Eine ausgewachsene, genügend bewässerte Dattelpalme liefert 50 bis 70 Kilo Früchte pro Jahr. Die in Büscheln herabhängenden, goldbraunen Beerenfrüchte werden von Juli bis Oktober geerntet und zum großen Teil frisch gegessen. Der Überschuß wird getrocknet, gepreßt und als wertvolle Konserve aufbewahrt. Aus den süßesten Früchten kochen die Beduinen noch heute ihren geliebten Dattelhonig. Die jungen Sprossenknospen ergeben ein delikates Gemüse. Notabene: Datteln schmecken nicht nur köstlich (besonders entsteint und mit einem halben Nußkern gefüllt), sie sind auch ein hochwertiges Nahrungsmittel mit einem ansehnlichen Gehalt an Fruchtzucker, Mineralstoffen, Proteinen und sogar Vitaminen. Seltsam und unerklärlich ist, daß die Dattelfrucht im Laufe der Zeit mehr und mehr vom Speisezettel der Israeliten verschwand, während sie für andere Wüstenvölker im Vorderen und Mittleren Orient ein unentbehrliches Lebensmittel blieb.

Gefüllte Melone

Zutaten
1 große, gut ausgereifte Melone (Cavaillon)
1 Tasse gemischte Beeren
1 Handvoll rote Kirschen
1 EL Zucker
1 EL Maraschino oder Kirsch

Zubereitung
Der Melone im oberen Viertel einen Deckel abschneiden und das Fruchtfleisch mit dem Apfelaushöhler sorgfältig und ziemlich hautnah herausheben. Die Melonenbällchen mit den Früchten mischen, in die Melone zurückfüllen (Rest der Beeren z. B. für ein Birchermüesli verwenden), mit Zucker bestreuen, mit Maraschino beträufeln und kühlstellen.

GEMISCHTE FRÜCHTE

Dein Schoß ist ein Park von Granatbäumen
mit allerlei köstlichen Früchten,
Cyperntrauben samt Narden,
Narde und Safran, Gewürzrohr und Zimt
samt allerlei Weihrauchhölzern (...)
Hohelied 4, 13–14

Zu den «köstlichen Früchten» mögen auch Melone
und Mandel gehört haben, vielleicht auch die Apri-
kose, von der jedoch nirgends gesprochen wird, obgleich
bei den Ausgrabungen in Geser (1902 bis 1909) verkohl-
te Aprikosensteine gefunden worden sind. Die Melone,
eine Kulturpflanze aus der Familie der Kürbisgewächse
und eine Schwesterart der Gurke, wird im Alten Testament nur einmal erwähnt, nämlich während der Wü-
stenwanderung der Kinder Israel, die sich in einem
Moment großen Hungers und Durstes wehklagend der
guten Dinge erinnerten, die sie in Ägypten zu essen bekommen hatten: der Melonen und Gurken, des Lauchs,
Knoblauchs und der Zwiebeln. Die Darstellung einer
Melone auf einem ägyptischen Papyrus der 5. Dynastie
(ca. 2100 v. Chr.) belegt, daß ihr Anbau sehr früh bekannt war.

Der Granatapfel gehört gar zu den sieben Gütern, mit
denen Palästina im Überfluß gesegnet war: «*...ein Land*
mit Weizen, Gerste, Reben, mit Feigen- und Granatbäumen,
ein Land mit Ölbäumen und Honig» (5. Mose 8, 8). Im
Hohenlied erscheint der Granatapfel sechsmal; Dichter
und Sänger werden nicht müde, seine Schönheit zu prei-
sen. Die apfelgroße Frucht mit der glänzenden, harten

Haut liefert köstlichen Saft aus Dutzenden von Beeren, die fächerartig angeordnet in ihrem Fruchtbett liegen. Seine dekorative Gestalt inspirierte Goldschmiede und Innenarchitekten; aus Erz, wahrscheinlich auch aus Gold, formten sie ihn nach, um ihn als Zierelement zu verwenden. Salomo ließ seinen Tempel mit stilisierten Granatäpfeln ausschmücken, und Moses bekam den Auftrag, die Säume des Obergewandes der Hohenpriester mit Granatapfelmotiven in blauem und rotem Purpur zu besetzen.

Auch die Mandelblüte diente als Vorlage für Schmuckmotive, so etwa die mandelförmigen Blumenkelche, die den Leuchter im heiligen Zelt Mose verzierten. Die bittere Mandel wuchs wild in den Wäldern, die süße wurde kultiviert. Sie ist der Obstbaum, der als erster blüht, und das einzige Kernobstgewächs, von dem nicht das Fleisch, sondern der Kern gegessen wird. Unter den kostbaren Geschenken, die Jakobs Söhne dem ägyptischen Herrscher überbrachten, waren auch Mandeln, und Aarons berühmter Stab, der über Nacht sprießen, blühen und Frucht tragen sollte, war nichts anderes als ein Mandelzweig.

MAHLZEITEN
UND TISCHSITTEN

Frau Weisheit hat ihr Haus gebaut,
ihre sieben Säulen aufgerichtet,
das Schlachtvieh geschlachtet,
den Wein gemischt,
hat schon den Tisch gedeckt.
Sie hat die Mägde ausgeschickt,
läßt rufen auf der Höhe der Stadt:
«Wer unerfahren ist, der kehre hier ein!»
Sprüche 9, 1–4

*I*n Palästina gehörten zur Einrichtung eines Hauses,
das eigentlich nur aus einem großen Raum mit einge-
mauertem Herd bestand, Tisch, Bett, Stuhl und Lampe.
Und der Tisch war eigentlich auch kein Tisch, sondern
eine solide Stroh- oder Ledermatte, die auf dem Boden
des Hauses oder Zelts ausgerollt wurde. Erst später, unter
dem Einfluß ägyptischer Möbelentwerfer, entwickelte
sich die Eßmatte zur Eßplatte, die auf drei oder vier
Füßen ruhte. Die Mahlzeit wurde in einer großen Schüssel in die Mitte des Tisches gestellt, um den sich die
ganze Familie – kauernd, kniend oder sitzend – zu einer
bunten Tafelrunde zusammenfand. Vielerorts setzte sich
die Sitte durch, daß die Männer, gelegentlich auch die
Frauen, sich zum Essen auf flachen Diwans niederließen,
wobei sie den linken Ellbogen auf dem Boden abstütz-
ten, den Kopf in die Hand legten und sich mit der rechten Hand und mit Hilfe eines Stückes Brot aus der Ge-
meinschaftsschüssel bedienten. Eßzimmerstühle waren
unbekannt. Jeder Anwesende bekam einen eigenen Be-

Pot-au-feu
à la Rahel

Zutaten für 4 bis 6 Personen
600 g Rindfleisch vom Hohrücken
2 ganze Pouletschenkel
1 Kalbszunge
2 Markbeine
3 in Stücke geschnittene Karotten
1 grob geschnittener Lauch
1 kleine Sellerieknolle
300 g fein geschnittener Weißkohl
1 große, mit Nelken und Lorbeer besteckte Zwiebel
Salz, Pfeffer
1 EL Fleischextrakt
½ Teelöffelchen Safran

Zubereitung
2½ bis 3 Liter Wasser zum Sieden bringen, Rindfleisch, Kalbszünglein, Zwiebeln hineingeben und 1½ Stunden leise brodeln lassen. Dann Markbeine, Pouletschenkel und Gemüse beifügen und nochmals 1 Stunde köcheln lassen. 5 Minuten vor dem Anrichten mit Pfeffer, Salz und Fleischextrakt würzen. Der Safran färbt die Suppe besonders schön gelb.

---

cher, aus dem er Wasser, Milch oder Buttermilch trank; der Wein blieb für besondere Anlässe reserviert. Grundlage der drei Hauptmahlzeiten waren Wasser, Brot, Obst und Sauermilch. Zum Abendbrot wurde in der Regel etwas Warmes gereicht. An Besteck gab es nur das große Tranchiermesser zum Zerschneiden des Fleisches und die Dreizackgabel zum Aufspießen der Brocken aus dem

Topf. Gegessen wurde mit den Fingern, was die so häufig erwähnte Prozedur des Händewaschens erklärt. Die Ägypter schufen als erste ein löffelähnliches Schöpfgerät mit schalenförmiger Vertiefung – ein Instrument, das deutlich der hohlen Hand des Menschen nachgebildet war.

Ihre Vergangenheit als Nomaden hatte die Israeliten zu Meistern im Eintopfkochen gemacht. Wer zusammen durch die Wüste wanderte, wochen- und monatelang, wer mit Familie, Verwandten, Freunden in enger Gemeinschaft lebte, konnte sich nicht auf delikate A-la-carte-Plättchen kaprizieren, sondern setzte einen Topf Bohnen aufs Feuer, briet sich eine Schafskeule über der Flamme oder verteilte Brot, Käse und Zwiebeln. Die Frage nach geeignetem Besteck wird damit müßig. Übrigens: auch Salomo in all seiner Pracht mußte sich beim Genuß seines Federviehs der Finger bedienen; das Wasser zum Händewaschen ließ er freilich in goldenen Schalen auftragen.

Jutta Radel

ESSEN UND TRINKEN IM NEUEN TESTAMENT

PALÄSTINA –
DAS HEILIGE LAND
ZUR ZEIT JESU

Zu jener Zeit, deren Spuren dieser Teil des Buches verfolgt, war Palästina eine römische Provinz. Herodes der Große regierte als König unter römischer Herrschaft die letzten Jahre vor der neuen Zeitrechnung, von 37–4 v. Chr. Nach seinem Tod wurde das Land unter seinen Söhnen dreigeteilt. Archelaos, seinem Vater in allen herrschsüchtigen Charakterzügen überaus ähnlich, regierte zunächst über Judäa, Samarien und Jerusalem. Herodes Antipas wurde Herrscher über Galiläa und somit Landesherr in jenem Gebiet, in dem Jesus überwiegend lebte und lehrte. Philippus schließlich verwaltete den Norden im Raum der Golan-Höhen mit der nach ihm benannten Stadt Caesarea Philippi.

Antipas herrschte fast 43 Jahre über Galiläa und Peräa, bevor er abgesetzt wurde. Er nannte sich Herodes und wird unter diesem Namen oft im Neuen Testament erwähnt. Dieser Herodes Antipas war es, der Johannes den Täufer hinrichten und Jesus am Tag vor seiner Kreuzigung verhören ließ.

Palästina, von jeher altes Kulturland, war immer von einer wechselvollen Geschichte gezeichnet. Kriege und Aufstände, Eroberungen und Niedergänge – die Bibel weiß davon viel zu erzählen. Der Ausspruch vom gelobten Land, von dem aber auch die Rede ist, hat dennoch seine Berechtigung, bedenkt man die abwechslungsreiche Landschaft und den Reichtum der Pflanzenwelt und der natürlichen Gärten, aus denen sich das Volk ernähren konnte.

Die Gegenden vom Norden bis in den Süden waren überaus fruchtbar. Entlang dem Mittelmeer breitete sich ein Küstenstreifen aus; dort lagen die großen Getreidefelder. Und die herodianische Hafenstadt Caesarea mit ihrer vorbildlichen Wasserversorgung war glanzvoller Anziehungspunkt und internationale Handelsmetropole. Lieblich und von grünen Schluchten durchfurcht, zog die Hügelkette des Karmels nördlich ins Land, wo sich Galiläa, Samaria und weiter südlich Judäa mit seinen waldreichen Berg- und Hügelgebieten ausbreiteten. Und während im dichten Unterholz zahlreiche Tierarten lebten, wurde das Land von den Menschen bestellt. Man pflügte den Boden, sobald die Herbstregen die Erde weich gemacht hatten, man erntete Gerste und Weizen, man nützte die abgetragenen Felder bis zur nächsten Saat als Weideland für Ziegen und Schafe. Die weniger kultivierbaren Wüstenstreifen standen dagegen im starken Kontrast, sie wurden vielfach zum Viehweiden gebraucht. Meist kletterten Ziegen im Felsgestein, oder sie zogen durch die Wadis, welche während der Winterzeit und nach Regenfällen mit grüner Vegetation bedeckt waren. Wilde Oasen unterbrachen die Wüstengebiete, wo Tamarisken und Dattelpalmen, Gräser und die niedrigen Sträucher des weißen Wermuts wuchsen. Jericho hieß eine dieser Oasen, längst kultiviert, blühend im Frühling und bewachsen mit den typischen Dattelpalmen. Ihr Ruf reichte weit über die Grenzen hinaus. Auch die ägyptische Königin Kleopatra trachtete nach ihr; Jericho wurde zur Zeit Herodes des Großen an die stolze Königin abgetreten, und dieser mußte für die Nutzung seiner Pflanzungen, der Früchte und des Balsams, Pachtgeld zahlen.

Oliven und Feigen gediehen in fast allen Gegenden Palästinas. Nuß-, Apfel-, Granatapfel- und Johannisbrotbäume gehörten ins Landschaftsbild. Insbesondere die Provinz Galiläa war eine Art Garten Eden, fruchtbar und mit prachtvoller Flora gesegnet. Wein reifte an den sonnendurchfluteten Hügeln, Flachs wurde angebaut, aus dem man Leinen herstellte. Im See Genezareth lebten Fische im Überfluß. Weizenfelder gab es in Galiläa ebenso wie an der Küste des Mittelmeeres oder in Samaria und Judäa.

Zahlreich sind die Hinweise in der Bibel auf eine artenreiche Tierwelt. Da spielten Schafe, Ziegen, Esel und Ochsen ihre wichtigen Rollen im Alltagsleben. Und *«auch die Hunde unter dem Tisch zehren von dem Brosamen der Kinder»*, heißt es bei Markus (7, 28). Wildschweine, Schakale und Bären streiften durch die Wälder. Der possierliche Fennek, Schlangen, Gazellen, Steinböcke gehörten ins Bild der Steppen und Wüstenlandschaften. Andere Tiere tauchten immer wieder als Viehräuber auf, Wölfe vor allem, aber auch der asiatische Löwe und hin und wieder ein Panther. Sie bedeuteten Gefahr für die Hirten, die mit ihren Herden in den Gegenden um Bethlehem ebenso weideten wie in den südlichen Regionen von Idumäas, der heutigen Negev-Wüste.

Palästina zur Zeit des Neuen Testamentes, wie es sich in seinen Gemüsegärten, in seinen Früchten, Speisen und Getränken widerspiegelt, ist das Thema dieses Buches. Die gesammelten Rezepte entsprechen den Möglichkeiten der Zeit vor 2000 Jahren und beschränken sich im allgemeinen auf Zutaten, wie sie damals verwendet wurden. Dennoch: die Kost war weitgehend sehr einfach und weniger abwechslungsreich, als diese Sammlung vermuten läßt. Weizen und Gerste dienten als Grundnahrungsmittel. Man röstete die Körner auf einer Eisenplatte und aß sie so. Oder sie wurden zwischen Steinen zu Mehl zermahlen und zu Brot gebacken. Bohnen und

Linsen waren willkommene Hülsenfrüchte, die satt machten, denn Fleisch wurde nur selten gegessen. Aus Trauben preßte man Wein, Feigen wurden frisch und getrocknet verzehrt. Ziegen lieferten Milch und Käse. All das beflügelt eine Autorin, deren Interesse an Israel und seiner Geschichte seit langem wach ist.

DER ÖLBAUM

Als er auf dem Ölberg saß und sie allein waren, traten seine Jünger zu ihm. Matthäus 24, 3

Vom Ölberg aus, der sich östlich vom historischen Jerusalem erhebt, hat man die schönste Aussicht auf die ummauerte Altstadt. Jerusalem zur Zeit Jesu war eine großartige Stadt, deren Bauprojekte sich Herodes der Große mit besonderer Vehemenz gewidmet hatte. Den größten Ruhm als Bauherr erwarb Herodes sich durch den Wiederaufbau des Jerusalemer Tempels. Und man kann sich ausmalen, daß die Menschen schon damals gern an den Hängen des Ölberges verweilten, um einen Blick auf ihre heilige Stadt zu werfen.

Nimmt man den Weg von Jerusalem aus hinauf zum Ölberg, so betritt man schon bald, am Fuß des Berges, den Garten Gethsemane. Hier stehen uralte Ölbäume, mit verknöcherten und verschrobenen Stämmen, die dem Berg seinen Namen gaben, und von denen man manchem ein Alter von mehr als 1000 Jahren nachsagt. Und doch sprießen alljährlich frische Triebe hervor, was bei den Juden als Symbol für ihre Sedernacht, die Nacht des langen Wartens, gehalten wird. Im Gethsemane, einst

---

Olivenöl mit Kräutern

Für Kräuteröl nimmt man ½ l Öl bester Qualität, bereichert es mit einem Rosmarin- oder Thymianzweig, mit einer zerschnittenen Knoblauchzehe und kleinen Zwiebelchen und verbraucht es alsbald für Salate.

Eingelegte grüne Oliven

Zutaten

1 kg grüne, nicht ausgereifte Oliven
2 Zitronen, in dünne Scheiben geschnitten
2 EL Salz
2 Knoblauchzehen, geschält und halbiert
einige Pfefferkörner
2 EL Weinessig

Die frischen Oliven, nehmen wir an, sie kommen von einem Markt in Nazareth oder Bersheba, werden mit einem flachen Stein geklopft, so daß an den Früchten feine Risse entstehen.
Die Oliven werden drei Tage lang gewässert, jeden Tag in frischem, gewechseltem Wasser. So werden Bitterstoffe gelöst, und die Früchte werden weich.
Man füllt die Früchte in ein irdenes Gefäß, schichtet die Zitronenscheiben dazwischen und gibt auch die restlichen Zutaten hinein. Mit Wasser soweit auffüllen, daß die Oliven bedeckt sind. Zum Schluß kommt der Essig dazu.
Die Oliven brauchen mindestens vier Wochen, bis sie den gewünschten Geschmack entwickelt haben.

---

ein Landgut mit einem Ölgarten und einer Ölkelterei, verbrachte Jesus die Nacht vor und bis zu seiner Verhaftung.

Der Ölbaum genoß seit jeher besondere symbolische Verehrung. So trug im Alten Testament Noahs Taube einen Ölzweig im Schnabel, als sie die Botschaft von der verebbten Sintflut brachte, und seither galt der Ölbaum bei den Juden als Zeichen des Friedens und der Versöhnung – und nicht nur bei ihnen.

Eingelegte Walnüsse (Baumnüsse)

Zutaten
500 g frische, geschälte Nüsse
Salzwasser
6 dl Weinessig
1 Lorbeerblatt
2 Zweiglein Thymian
einige Pfefferkörner
je 1 Prise Salz und Zucker
2 EL Olivenöl

Die geernteten Nüsse werden einen halben Tag in kaltes Wasser gelegt, damit sie entbittern. Danach gibt man 2 TL Salz hinzu und kocht die Nüsse im Salzwasser 5 Minuten. Das Wasser wird abgegossen und die Nüsse werden abgetrocknet.
Man schichte die Nüsse jetzt in ein hohes Glas. Dazwischen kommen die Gewürze. Das Ganze wird mit dem Essig übergossen. Sachte träufelt man das Öl über die eingelegten Früchte, das sich wie ein feiner Ölteppich auf der Oberfläche verteilt.
Das Glas gut verschließen und kühl, am besten in den Keller stellen. Die Nüsse brauchen ein paar Wochen, bis sie den neuen Geschmack angenommen haben.

Auch wirtschaftlich kam dem Ölbaum stets hohe Bedeutung zu, davon spricht nicht zuletzt die Bibel an zahlreichen Stellen. Das Holz des Baumes wurde hoch geschätzt, für Königszepter ebenso verwendet wie für geschnitzte Hirtenstäbe. Die Früchte des Baumes, die Oliven, waren den Menschen gleich wichtig wie Korn und

Wein. Man aß sie, eingelegt in Salzwasser, und man gewann aus ihnen das berühmte Olivenöl. Dieses Öl wurde geradezu unentbehrlich und vielseitig verwendet: zum Herrichten der Mahlzeiten, zum Konservieren von Lebensmitteln, als Brennmaterial in Tonlampen wie als Opfergabe. Als Massage-Öl und als heilender Trunk, als Grundstoff für pharmazeutische, kosmetische Produkte, die zur verfeinerten Lebensart reicher Römer und Griechen gehörte. Nicht zuletzt galt Olivenöl als eine Art Zahlungsmittel, mit dem man tauschte und handelte.

Der Umstand, daß viele Juden auch außerhalb Palästinas lebten und von Heiden hergestelltes Öl nicht benutzen durften, belebte das Exportgeschäft ungemein. Olivenöl aus Palästina war ein wichtiger Exportartikel und galt als das beste seiner Art rund ums Mittelmeer.

Konservierte reife Oliven

Wenn die Oliven anfangen zu reifen, die grünen, die braunen und die schwarzen, dann werden sie pralldick und ölig. Folgende Variante zum Einlegen steht ihnen besonders gut an:

Die ausgewählten Oliven werden rundherum mit einer Gabel mehrmals eingestochen und in ein Tongefäß gelegt. Man streut reichlich Salz darüber und wenig gemahlenen schwarzen Pfeffer. Das Gefäß wird an einen kühlen Platz (in den Keller) gestellt. Während zwei Wochen schwenkt man die Oliven im eigenen Saft einmal täglich gut durch. Danach sind sie entbittert, und man gießt die angesammelte Flüssigkeit ab.

Jetzt gibt man je einen kleinen Zweig Rosmarin und Thymian zu den Oliven und gießt mit soviel Olivenöl auf, daß sie gut bedeckt sind. Schon nach wenigen Tagen sind die Früchte reif zum Genießen.

HERODES DER GROSSE

Nachdem die Römer 37 v. Chr. aus Jerusalem ausgezogen waren, wurde Herodes der Große zum König von Judäa ernannt. Er regierte mehr als dreißig Jahre mit unerbittlichem Machtanspruch und ebensolcher Härte gegen jeden seiner Feinde. Man sagte ihm Grausamkeit nach, einen Hang zum Prunk, und – was das Schlimmste war für das Volk, über das er herrschte – Gottlosigkeit. In Judäa ließ er das jüdische Gesetz zwar sorgsam gelten, im Grunde seines Herzens aber war er ein Heide und ein Verehrer der griechischen Kultur, was ihm die orthodoxen Juden nie verziehen. Andererseits war Herodes ein genialer Bauherr, und in dieser Rolle verewigte er sich in der Geschichte Judäas.

Der Hafen Caesarea am Mittelmeer wurde unter ihm zur bedeutendsten Stadt des Landes. Der riesige Hafen bekam breite Kais, die mit Mauern und Türmen versehen waren. In den Mauern gab es Gewölbe als Unterkünfte für die Seeleute. Alle Einrichtungen für Handel und Hafeneinfahrt entsprachen modernster Technik. Die Stadt selber bekam ein Amphitheater, in dem heute wieder in lauen Sommernächten Musik und Theater gespielt werden. Den Tempel weihte Herodes seinem Kaiser Augustus, während Pontius Pilatus, eine Generation später, eine Widmung für Kaiser Tiberias anbringen ließ. Großzügig gestalteten sich die öffentlichen Badeanlagen, ausgeklügelt war das Abwassersystem mit unterirdischen Kanälen. Ein prächtiger Tempel aus weißem Marmor, der eigens von weither herangeschafft wurde, beherrschte das Stadtbild. Ein imposanter Aquädukt entstand, der sich bis in die Berge des Karmels hinzog, um von dort stets frisches Wasser in die Stadt zu leiten. Noch heute zeugen massige Überreste, die aus dem feinen Sandstrand nördlich der römischen Ausgrabungen herausragen, beredt von jener grandiosen Bautätigkeit. Den größten Ruhm als Bauherr erwarb sich Herodes durch den Wiederaufbau des Tempels von Jerusalem, der unter anderem auch Schauplatz einiger Szenen im Neuen Testament war.

So erzählt Lukas beispielsweise vom 12jährigen Jesus in jenem Tempel (Lukas 2, 41–52). Und Johannes schildert Jesus' dramatischen Auftritt während eines Passahfestes: «*Jesus ging hinauf nach Jerusalem. Und er fand im Tempel Leute, die Rinder, Schafe und Tauben verkauften, und*

Melonensuppe Pallas

Zutaten
1 Zuckermelone, etwa 400 g
1 dl kräftig abgeschmeckte, entfettete Geflügelbouillon
weißer Pfeffer zum Nachwürzen
Melonenkugeln (aus Melonenfleisch stechen)

Für diese kalte Suppe sollte man eine sehr reife Melone verwenden. Sie wird halbiert, man schabt die Kerne aus, der Saft aber wird aufgefangen. Das Melonenfleisch wird zusammen mit der warmen Geflügelbouillon püriert: durch ein Sieb streichen (oder mit dem Mixer). Man gibt den aufgefangenen Saft zum Püree, verrührt die Masse, schmeckt ab. Diese köstlich erfrischende Suppe wird am besten leicht gekühlt serviert:
Man verteilt Melonenkugeln in Teller oder Suppentassen und schöpft die Suppe darüber. Zum Garnieren empfehlen sich kleine Minzeblätter.

---

die Wechsler, die an ihren Tischen saßen. Da machte er eine Geißel aus Stricken und trieb sie alle zum Tempel hinaus samt Schafen und Rindern und schüttete den Wechslern das Geld aus und stieß die Tische um» (Johannes 2, 13–16). Jerusalem erhielt mit dem neuen Tempel ein herodianisches Gesicht: Auf dem Westhügel prägte ein Palastkomplex die Silhouette. Mächtige Mauern sollten die Stadt umschließen. Türme, die Festung Bira und andere Bauvorhaben sorgten für jahrzehntelange Arbeiten innerhalb der Stadtmauern.

Ein anderer, luxuriöser Palast entstand in der Nähe Jerichos, Herodes Winterpalast am Wadi Qelt. Jericho mit seinen Ländereien und seinem Pflanzenreichtum, mit seinem milden Klima im Winter, mit seinen Süßwasserquellen und Dattelhainen gehörte zu den Lieblingsplätzen Herodes'. Hierher zog er sich mit zunehmendem Alter und von Krankheit gezeichnet zurück und starb 73jährig in Jericho.

Herodes' Paläste waren mit jedem äußeren Glanz und modernsten Raffinessen ausgestattet: aufwendig, wie ihn sich nur ein König seiner Maßlosigkeit leisten konnte. Weitaus größte Bedeutung kommt dabei seinem ersten Bauwerk zu, der Festung Massada. Schon von ferne sichtbar, liegt das mächtige Felsmassiv von Massada in der Wüste Judäa, am Ufer des Toten Meeres. Massada erhebt sich mehr als 400 Meter über dem Meeresspiegel auf einem steilwandigen Felsplateau, das jäh nach allen Seiten abfällt. Herodes' Befestigungsanlagen sollten uneinnehmbarer Zufluchtsort für seine Familie sein. Und es entsprach seinem Ehrgeiz: sie wurde komfortabel ausgestattet. Zisternen entstanden, die durch Aquädukte verbunden waren. Gewaltige Lebensmittelvorräte lagerten ein. Zwei Palastkomplexe bildeten die Zentren, kühn und reizvoll auf Felsterrassen gebaut.

Massada sollte 70 Jahre nach dem Tode von Herodes traurige Berühmtheit erhalten. Die Festung wurde Schauplatz des letzten, heroischen Widerstandes jüdischer Freiheitskämpfer gegen die Römer. Vorher jedoch, während Herodes hier lebte, wird es an Festlichkeiten nicht gemangelt haben, auch nicht an manch kleinem Gastmahl, bei dem der König seine immer zahlreicher werdende Familie um sich versammelte. Bekannt ist, daß Herodes verschwenderisch lebte und keine Mühen scheute, auch die erlesensten Delikatessen kommen zu lassen. Ganz gleich, ob sie aus Italien importiert werden mußten oder aus seinem geliebten Griechenland, aus den eigenen Gärten oder irgendwelchen römischen Provinzen. Selbst die Wüste wurde zur Zeit der Römer dank ausgeklügelter Bewässerungsanlagen hier und dort bewirtschaftet. Oasen gehörten zum Landschaftsbild, wie En Gedi und Jericho. Heute gilt En Gedi immer noch

---

Gefüllte Melone

Zutaten
Gut ausgereifte Cavaillon-Melonen
grüne und blaue Trauben, halbiert
frisch gesammelte Beeren
Aprikosenlikör
geviertelte Feigen

Die Melonen halbieren. Kerngehäuse mit einem großen Löffel ausschaben. Aus jeder Melonenhälfte ein paar Melonenbällchen schaben. Diese mit den Trauben und Beeren mischen. Die Früchte in die Melonenschalen häufeln. Kühl stellen. Vor dem Servieren mit Aprikosenlikör beträufeln und mit den Feigen garnieren.

als eine landwirtschaftlich bedeutende Oase am Toten Meer. Das Kibbuz ist zudem beliebter Ferienort geworden, wo man Wasser, Grün und Schatten inmitten der Wüste genießt.

Wir stellen uns vor, daß für ein Gastmahl auf Massada lange Tische im Palast gedeckt wurden, dekorativ und überbordend beladen mit Schalen voller Früchte. Datteln, Trauben, Melonen, Feigen, Aprikosen und Granatäpfel boten ein überaus farbenschönes Bild. Eingelegte Oliven wurden zum Apero gereicht, dazu gab es Gebäck aus Sesam und Weizen. Verschwenderisch floß Wein aus Italien, der in Tonkrügen übers Meer gekommen war, denn die Weine des italienischen Südens schätzte Herodes am meisten.

Es folgte ein stundenlanges Bankett, das man sich mit verschiedenen Fleischgängen vorstellen kann. Antilopenrücken auf Maulbeeren mögen dazugehört haben, würzig gebratene Wildvögel, Fasanenbrust, Flamingozungen, Geflügelleber mit Pinienkernen. Dazu gab es Salate, Gemüse und Brot. Süße Desserts, Gebäck aus Nüssen, Früchten und Honig leiteten zu Geselligkeit und Gesprächen über, zu Unterhaltung und Darbietungen.

Familienzwiste kennzeichneten Herodes' letzte Lebensjahre. Er litt unter Wahnvorstellungen und ließ in der Folge drei seiner Söhne wegen angeblicher Verschwörung hinrichten. Als er im Frühling des Jahres 4 v. Chr. starb, bereitete ihm sein Sohn Archelaos ein prunkvolles Begräbnis. Der Leichnam wurde von Jericho zur Festung Herodion gebracht und dort bestattet. Aber noch vor Herodes' Tod ereignete sich etwas, das Folgen von ungeahnter Tragweite haben sollte: Jesus wurde geboren.

Gefüllter Fasan

Zutaten

1 Fasan, küchenfertig und ausgenommen, ca 1½ kg (oder eine Ente)
Salz und Pfeffer, Olivenöl
1 Bouquet Gemüse aus Lauch, Zwiebel, Karotten, Sellerie und glatte Petersilie
1–2 Gläser Weißwein

Die Füllung

Rosinen und feingewürfelter Apfel mit eingeweichtem und gut ausgedrücktem Weißbrot vermengen. Würzig abschmecken mit Salz und Pfeffer und Küchenkräutern. Das Federvieh mit den Würzen einreiben, sparsam mit Olivenöl einpinseln. In einer Pfanne, die ausgefettet ist, rundherum anbraten.
Das Gebratene abkühlen lassen, dann die Füllung hineinstopfen und die Öffnung mit Zahnstochern zusammenstecken.
In einem geräumigen Schmortopf etwas Öl erhitzen. Das Gemüsebouquet im Topf arrangieren und den Fasan darauflegen. Ein Glas Wein zuschütten. Den Topf schließen und in den vorgeheizten Backofen schieben. Gut eine Stunde bei 180–200 Grad schmoren lassen, Wein nachgießen. Nach einer Stunde Garzeit den Deckel abnehmen und eine weitere halbe Stunde weitergaren.
Als **Sauce** gibt es eine berauschende Mischung aus Zwiebeln, Äpfeln, Nüssen und Weißwein, gewürzt mit Salz und Honig.

Tauben mit Weizenfüllung

Zutaten
4 Tauben, bratfertig (pro Person 1 Taube)
ca. 3 dl Geflügelbouillon
Salz, Pfeffer, Rosmarin, Weintrauben

Die Füllung
1 Zwiebel
100 g Weizenkörner, vorgequellt (Burghul)
Olivenöl
½ Glas Pinienkerne
2 Handvoll Rosinen
reichlich gehackte Petersilie
Salz und Pfeffer

Die Vögel waschen und trockentupfen. Salz, Pfeffer und Rosmarin mischen. Die Vögel damit bestreuen. Würze einmassieren.
Die Zwiebel hacken, zusammen mit den Weizenkörnern im Öl 10 Minuten dämpfen. Die Häfte Bouillon, Pinienkerne, Rosinen und Petersilie druntermischen und gut abschmecken. Diese Masse in die Vögel füllen.
Die Tauben mit Öl bepinseln, mit dem Rücken nach unten in eine Bratenpfanne legen. Bouillon dazugießen. Den Ofen vorheizen. Bratenpfanne in den Ofen schieben und die Tauben bei 220 Grad während einer Stunde garen lassen.
Deckel vom Topf nehmen, die Tauben mit Bratensaft begießen. Nochmals 15 Minuten offen im Ofen backen.
Auf einer Platte anrichten und mit halbierten blauen und grünen Weintrauben garnieren.

Glasierte Zwiebeln

Kleine Zwiebelchen schälen und an den Wurzelenden kreuz-
weise einschneiden. So können sie nicht auseinanderfallen.
Öl in einer Pfanne erhitzen. Die Zwiebeln darin schmoren,
bis sie goldbraun aussehen. Zucker übers Gemüse streuen
und zerlaufen lassen, bis die Zwiebeln glasieren. Mit wenig
Wasser aufgießen. Die Pfanne schließen und die Zwiebeln
garen. Zum Schluß mit Salz, Pfeffer würzen und mit gehackter Petersilie überstreuen.

Aprikosen-Dessert
mit geschlagenem Rahm

Zutaten
500 g Aprikosen
etwas Wasser
1 Handvoll blanchierte Mandeln
Zucker nach Geschmack
leicht geschlagener Rahm

Die Aprikosen halbieren und entkernen. In einen Topf geben, ganz wenig Wasser zugießen und die Früchte auf kleiner Hitze sanft kochen lassen, bis sie zerfallen. Die Mandeln darüberstreuen, nach Geschmack süßen. Nochmals
aufkochen lassen, bis der Zucker geschmolzen ist. Dabei
achtgeben, daß die Früchte nicht anbrennen.
Das Dessert in eine schöne Schale geben, kalt werden lassen (möglichst sehr kalt!). Vor dem Servieren mit dem
Rahm überziehen.

64

Mandelkonfekt

Zutaten
250 g Mandeln
etwas Butter
500 g Zucker
½ Glas Wasser
Saft von ½ bis 1 Zitrone

Die Mandeln sollen geschält sein: Man überbrüht sie mit kochendem Wasser, läßt sie eine halbe Stunde stehen und kann die Haut nun sehr einfach zwischen Daumen und Zeigefinger abziehen. Die Mandeln gut abtrocknen. In einer Pfanne etwa 10 Minuten rösten, währenddessen ständig bewegen. Ein kleines Backblech buttern, darauf die Mandeln gleichmäßig verteilen. Zucker, Wasser und Zitronensaft unter ständigem Rühren bei mittlerer Hitze kochen, bis der Zucker geschmolzen ist. Es entsteht allmählich ein dünner Sirup. Er wird sogleich über die Mandeln gegossen. Abkühlen lassen. Wenn das Konfekt wirklich hart ist, kann es in beliebig kleine Stücke gebrochen werden.
Oder: Mit einem scharfen, nassen Messer lauter kleine Vierecke in das Konfekt einritzen, bevor es hart geworden ist. Später läßt es sich an den markierten Linien leicht auseinanderbrechen.

Salat En Gedi

Grüne Salatblätter, feine Scheiben Salatgurke, Granatapfelkerne, Lauchringe und einige würfelig geschnittene Datteln (Kerne entfernen) mischen. Eine Sauce aus Zitronensaft, Olivenöl, Salz, Pfeffer und einem Löffel Honig anrühren und über dem Salat verteilen.

DER DATTELBAUM

Sie nahmen Palmenzweige und gingen hinaus, ihm entgegen und riefen: Hosanna! Gelobt sei, der da kommt im Namen des Herrn, der König von Israel. Johannes 12, 13

*W*enn alljährlich am Palmsonntag der lange Prozessionszug durch Jerusalems Altstadt zieht, tragen die Gläubigen Palmzweige mit sich. Singend und betend gedenken sie einer Überlieferung aus dem Neuen Testament, wonach Jesus bei seinem Einzug in Jerusalem von der Bevölkerung mit Palmzweigen begrüßt wurde.

Dattelpalmen gehören zu den ältesten Pflanzen unserer Erde. Lange Zeit waren sie die allerwichtigsten Obstbäume für die Völker des Alten Orients. Dort, wo sie heimisch wuchsen, wild in Oasen und sehr früh auch schon in Kultur genommen, da stellten sie ein tägliches Brot dar. Datteln hatten als Volksnahrungsmittel für die Wüstenvölker wie für die arabische Welt die gleiche Bedeutung wie etwa die Feigen für das antike Griechenland. Welch hohen Rang sie auch im Heiligen Land hatten, läßt sich daran messen, wie oft Dattelbaum und Datteln in der Bibel erwähnt werden. Tamar, die Dattelpalme, spendete Debora, der Richterin im Alten Testament, Schatten, wenn sie ihre Urteile sprach. Tamar, das hebräische Wort für Dattelpalme, war und ist bis heute ein überaus beliebter Frauenname. Auch viele Orte stehen in Namensverbindung mit Tamar. So Jericho, die tiefstgelegene Stadt der Welt in der Jordansenke, die den schmückenden Beinamen «Palmenstadt» erhielt.

Wo immer man hinschaut in der alten Geschichte Israels, Motive mit Dattelbäumen oder ihren Palmzweigen finden sich als Verzierung auf allen möglichen Alltagsgegenständen. Man erblickt sie an Säulen wie auf Friesen und auf Mosaikböden. Auch auf alten Münzen sind sie abgebildet. Die Dattelpalme galt bei den Juden als das unverkennbare Symbol für Gerechtigkeit und Aufrichtigkeit. Diese moralische Ausstrahlung bewog die Römer nach der Zerstörung des zweiten Tempels 71 n. Chr. dazu, einige Bronzemünzen mit einer trauernden Frau unter einer Dattelpalme zu prägen mit der Inschrift JUDAEA CAPTA (Judäa in Gefangenschaft) – ein Sinnbild für den unterlegenen jüdischen Staat.

Die Dattelpalme gehört zu den vier Baumarten, deren Blätter für das jüdische Laubhüttenfest, für Sukot, verwendet werden. Ein Erntedankfest, das sieben Tage dauert und an die vierzigjährige Wanderschaft durch den Sinai erinnert. Im christlichen Glauben steht die Dattel für Heiligkeit und Auferstehung.

Eine ausgewachsene Dattelpalme erreicht eine Höhe von 10 bis 20 Metern. Erst mit etwa fünf Jahren fängt sie an, Früchte zu tragen, und wenn sie, wie im heutigen Israel, gut bewässert wird, so liefert sie gegen Ende des Sommers bis zu 50 kg Früchte, nicht selten sogar mehr.

In einer babylonischen Hymne wird die Dattel dafür gefeiert, daß man sie auf 360 Arten verwenden kann. Die üblichste Art dürfte sein, sie frisch oder getrocknet zu essen. Aus den Früchten läßt sich auch eine Art Dattelhonig gewinnen, der bei den Beduinen heute noch, wie anderswo Wabenhonig, zum Süßen verwendet wird. Aus dem Harz der Palmen kann man Dattelwein herstellen, und die jungen Blättchen können als ein köstlich schmeckendes Gemüse zubereitet werden.

Dattelpalmen gehören unverkennbar zur Wüstenlandschaft Israels. Stets aufs neue fasziniert das Bild, wenn man, von Jerusalem kommend, in Richtung Totes Meer reist und auf der Höhe von En Gedi die ersten

Dattelplantagen erblickt. Wie sich ihre Palmenkronen im heißen Wind hin und herbewegen, so dunkelgrün, so kraftvoll inmitten der sonst gelb-braunen Steinwüste! Datteln begegnet man in den Wüstengebieten des Jordan- und des Aravah-Tales ebenso wie in Gegenden am Toten Meer. Und auch südlich, bei El Arisch sowie bei Gaza, werden sie intensiv angebaut.

Datteltorte mit gefüllten Nüssen

Zutaten

Für die Torte
250 g Zucker
je 6 Eigelb und sehr steif geschlagene Eiweiß
300 g gewürfelte Datteln
200 g gemahlene Mandeln
1 TL Backpulver

Gefüllte Nüsse
Walnußhälften (Baumnuß)
150 g gemahlene Mandeln
125 g Zucker
3 EL Rosenwasser

Zuckor und Eigolb in oino hoho Schüssel gebon und schaumig rühren. Datteln, Mandeln und Backpulver unter den Schaum rühren. Zum Schluß das Eiweiß unter die Masse ziehen. Diese wird in eine Springform umgefüllt und bei 150 Grad rund eine Stunde gebacken.
Währenddessen entsteht aus Mandeln, Zucker und Rosenwasser ein leckeres Mus. Es wird in kleinen Portionen zwischen die Nußhälften gedrückt. So präpariert kommen sie später als Dekoration auf die Datteltorte.

Gefüllte Datteln

Getrocknete Datteln der Länge nach aufritzen. Die Kerne entnehmen. Nüsse in die Frucht legen, z. B. geschälte Mandeln, halbierte Wal- bzw. Baumnüsse, Pistazien – und die Datteln wieder zusammendrücken.

Dattelcreme

Zutaten
1 Päckchen Dessert-Creme (Vanillecreme)
300–400 g frische Datteln
gemahlene Mandeln

Die Dessert-Creme nach Anweisung auf dem Päckchen herstellen.
Die Datteln halbieren und entkernen. Die Hälfte davon in feinste Scheiben schneiden und mit der Creme mischen. Kaltstellen.
Die restlichen Datteln vierteln, in den gemahlenen Mandeln wälzen und vor dem Servieren auf der Creme verteilen.

Dattelmus

Man entkernt 500 g Datteln und hackt sie in kleinste Stückchen. Sie werden mit einem halben Glas Wasser in einen Topf gegeben und auf kleiner Hitze zum Kochen gebracht. Während des Kochens stets rühren, solange, bis die Datteln sich zu Mus aufgelöst haben.
Verwendung: zum Tunken mit Brot und als Füllung für Gebäck.

DIE HIRTEN

Und es waren Hirten in derselben Gegend auf dem Felde, die hüteten nachts ihre Herde. Lukas 2, 8

*V*om Glockenturm der Geburtskirche genießt man einen prachtvollen Blick auf die Stadt Bethlehem. Ihre weißen Häuser liegen dicht zusammengedrängt auf zwei Hügeln, ihre Wein- und Olivenhaine schlängeln sich bis hinab in die Senke. Bethlehem liegt am Rand der Wüste Judäa, nur wenige Kilometer südlich von Jerusalem. Die Heimatstadt König Davids, lange Zeit Marktflecken des Stammes Juda, zu allen Zeiten bekannt auch als gastliche Stätte für Wanderer aus der Wüste, heute Anziehungspunkt unzähliger Pilger.

Die Felder der Hirten von Bethlehem sind sanfte Hügel voller Steine, gelblich und braungetönte Landstriche, die sich am Horizont verlieren. Stille liegt über ihnen. Vereinzelte Punkte sind auszumachen: Mensch und Tiere ziehen dahin. Ein charakteristisches Bild für diese Landschaft, unverändert, wie in biblischen Zeiten.

Hirten, wie jene, die vor zweitausend Jahren ihre Schafe in der Gegend von Bethlehem weideten, sind ein Motiv, das wie ein roter Faden durch die Bibel zieht. Das Hüten ihrer Herden, der Schafe und Ziegen, war eine wichtige Beschäftigung, denn sie betraf letztlich alle Lebensbereiche. Viehzucht war in Palästina ein wichtiger Erwerbszweig. Schafe gaben eine beachtliche Menge Milch ab. Sie lieferten Wolle und Fleisch und dienten vielfach als Opfergaben. Natürlich oblag der gewinnbringende Teil des Viehhandels den Wohlhabenden. Sie stellten Knechte und Hirten zur Betreuung ihrer Tierherden an. Wandernde Hirten waren demzufolge meist nur Mietlinge, die dem Besitzer der Tiere Rechenschaft schuldeten, und das bei schlechter Entlohnung.

Das Bild der Hirten in der Geburtsgeschichte hat bei uns idyllische Züge. Ihr Leben jedoch, wo immer es sich auch abspielte, war alles andere als romantisch. Inmitten der Öde der judäischen Wüste sah das Weideland über weiteste Strecken unfruchtbar aus. Nur wenige Gebiete waren spärlich mit Gras bewachsen, gerade noch brauchbar für die genügsamen Schafe und Ziegen. Nur im Winter, wenn Regen die versengte Vegetation wieder zum Wachsen angeregt hatte, blühten zwischen den Steinen Gräser und andere robuste Pflanzen.

Den Hirten kam die Aufgabe zu, die ihnen anvertrauten Tiere zu den fruchtbaren Stellen und zu Wasserplätzen zu führen. Aus Ziehbrunnen schöpften sie das Wasser zum Tränken; auch daran hat sich bis in die heutige Zeit nichts geändert. Es war eine harte und verantwortungsvolle Aufgabe. Sie hatten die Herden gegen wilde Tiere und Räuber zu schützen. Sie pflegten sie, sie verhinderten Streit an den Tränken. Des Nachts trieben sie sie in möglichst sichere Unterschlupfe, in eine Höhle oder einen Pferch.

Meist waren die Hirten unterwegs, zusammen mit ihren Familien führten sie ein Nomadenleben. Das Hirtenvolk war arm, fast ohne Besitz. Die Kinder begannen früh, beim Hüten zu helfen. Barfuß sprangen sie über steinige Abhänge, um ein verirrtes Lamm zu suchen und es wieder zur Herde zurückzubringen. Zwei Jahrtausende haben daran kaum etwas geändert. Nicht immer war sicher, daß die Familie selber genug zu Essen hatte. Man mußte essen, wann immer sich Gelegenheit dazu bot. Und das waren allermeistens einfache Gerichte. War es verwunderlich, wenn da die Versuchung groß war, hin

und wieder ein junges Schaf oder Wolle heimlich zu ver-
kaufen?

Hirten – ein Inbegriff für sorgende, liebevolle Menschen. Zur Zeit Jesu war das Image eher negativ belegt:
als Arme, als Betrüger, als Menschen am Rande der Gesellschaft und ohne Rechte. Und ausgerechnet diesen
vermutlich scheuen und schweigsamen Menschen wurde
die wichtige Botschaft des Neuen Testamentes zu aller-
erst angekündigt: *«Fürchtet euch nicht! Siehe, ich verkündi-
ge euch große Freude, die allem Volk widerfahren wird. Denn
euch ist heute in der Stadt Davids der Heiland geboren. Das
ist Christus, der Herr»* (Lukas 2, 10–11).

Backen bei den Nomaden

Die Menschen in biblischen Zeiten bereiteten ihr
Fladenbrot auf einfachere Weise zu. Sie wird bis auf
den heutigen Tag von den Beduinen gepflegt:

Mehl, Wasser und Salz wurden zu einem Teig
vermischt. Manchmal kam ein wenig Öl hinzu. Aus
dem Teig formten die Frauen hauchdünne Fladen.
Eine Kunst, der sie sich mit geschickten Händen
und unendlicher Geduld widmeten. Sie legten die
Fladen auf heiße Steine und bedeckten sie mit
glühender Asche. Daher auch hin und wieder der
Name Aschenbrot.

Fladenbrot (Pitah)

Zutaten
20 g frische Hefe
½ TL Zucker
1½ Gläser lauwarmes Wasser
5 Gläser Mehl
½ TL Salz
2 EL Olivenöl

Hefe und Zucker mit der Hälfte des Wassers verrühren. Mehl, 1 EL Öl, Salz und das restliche Wasser hinzufügen. Alles gut vermengen, dann zu einem glatten Teig kneten. Aus dem Teig eine Kugel formen, diese in Öl rollen. Mit einem Tuch zudecken und eine Stunde ruhen lassen. Den Teig wieder kneten. 8 kleine Kugeln formen. Diese eine halbe Stunde zugedeckt ruhen lassen. Derweil den Backofen auf hoher Stufe vorheizen. Die Teigkugeln mit Mehl bestäuben, dünn ausrollen und mit viel Abstand auf zwei mit Öl gefettete Backbleche verteilen. Die Bleche mit Tüchern bedecken, eine halbe Stunde zur Seite stellen. Jetzt werden die Fladenbrote kurz im sehr heißen Ofen gebacken, bis sie aufgehen und hellbraun aussehen. Aus dem Ofen nehmen, einzeln in Alufolie einschlagen. Nach etwa 15 Minuten ist das Brot abgekühlt und zusammengefallen. Im Innern ist eine flache Luftblase entstanden, eine Art Tasche. Man kann sie aufschneiden und mit Köstlichkeiten füllen.

Falafel

Zutaten
500 g Kichererbsen
1 TL Backpulver
½ Tasse Burghul
1 Scheibe Weißbrot
2 zerdrückte Knoblauchzehen
1 Handvoll gehackte Petersilie
je ½ TL gemahlener Kümmel und Koriander
Pfeffer, Salz
einige Tropfen Zitronensaft
Semmelmehl
Öl zum Fritieren

Die Kichererbsen werden über Nacht in Wasser eingeweicht, in das gleichzeitig das Backpulver aufgelöst wird.
Etwa eine Stunde vor der Zubereitung des Kichererbsen-
breies kommt der Burghul dazu. Die Hülsenfrüchte müssen
während des Weichens stets mit Wasser bedeckt sein.
Das Eingeweichte in ein Sieb schütten und abtropfen lassen. Das Brot einweichen, sehr gut ausdrücken. Alle Zutaten mit den Gewürzen und inklusive Zitronensaft in eine
große Schüssel geben und einen weichen Brei kneten (ein-
facher: mit dem Mixer pürieren). Rassig abschmecken.
Mit feuchten Händen kleine Kügelchen formen. Sollte der
Brei zu fest sein, noch etwas Zitronensaft zugeben; sollte
er zu weich sein, Semmelmehl verwenden.
Die Falafel werden im Semmelmehl gewälzt und im heißen
Öl schwimmend ausgebacken.

Hirtensuppe

Zutaten
500 g Rinds- oder Lammfleisch, Lendenstück
etwas Öl
viele Zwiebeln
2–3 Knoblauchzehen
1 Glas weiße Bohnen
1 Stange Lauch
Pfeffer
Majoran
Salz

Das Fleisch in grobe Würfel schneiden, ebenfalls die Zwiebeln, den Knoblauch hacken, den Lauch scheibeln. In einem großen Topf das Fleisch im heißen Öl kräftig anbraten. Zwiebeln und Knoblauch zugeben und mitdünsten. Gut rühren. Mit so viel kaltem Wasser auffüllen, daß alles gut bedeckt ist. Die gewaschenen Bohnen dazugeben, auch den Lauch, Majoran und Pfeffer. Alles auf möglichst kleiner Hitze lange kochen und langsam garen lassen. Währenddessen hin und wieder Wasser nachgießen, letztlich nach eigenem Ermessen und Wunsch, wie dick die Suppe sein soll. Erst zum Schluß mit Salz abschmecken.
Hirtensuppe darf mehrmals aufgewärmt werden. Sie schmeckt von Mal zu Mal besser.

Ländliche Gerstensuppe

Zutaten

100 g Rollgerste
1 Glas rote Bohnen
2 l Fleischbouillon (Würfel)
1 große Zwiebel
2 Stangen Lauch
reichlich gehackte Küchenkräuter
Salz und Pfeffer
1 Becher Joghurt
1 Zweiglein Minzeblätter

Gerste und Bohnen ins Wasser geben und zum Sieden bringen. Auf kleiner Hitze eine Stunde kochen lassen und währenddessen häufig rühren, damit die Hülsenfrüchte weder am Topfboden ankleben noch die Suppe überschäumt. Grob geschnittene Zwiebel und in Röllchen geschnittenen Lauch zur Suppe geben. Diese wieder aufkochen lassen und eine weitere Stunde sanft köcheln lassen. Hin und wieder umrühren. Jetzt mit Salz und Pfeffer abschmecken und die Kräuter zugeben. Den Joghurt mit etwas Suppe verschlagen. Diese Mischung zum Topfinhalt rühren. Suppe nochmals bis kurz vor dem Siedepunkt erhitzen, jedoch nicht kochen lassen. Mit Minzeblättern garniert servieren.

Dickmilch

Wo es kaum Kühlgelegenheit gibt, ist Milch nicht lange haltbar. In Palästina wurde Milch in Ziegenhäuten aufbewahrt. Sie verwandelte sich bald in Dickmilch. Diese mild säuerliche, geronnene Milch war ein Genuß. Man füllte sie in Schalen, reichte diese während der Mahlzeit herum und tunkte sie mit Brot aus.

Dickmilchkaltschale, wie man sie heute nennt, kann abwechslungsreich mit Früchten variiert werden: mit kleingeschnittenen Aprikosen, Melone, Pfirsichen, mit Erdbeeren und anderen Beeren, auch mit gehackten Nüssen und Weizenkeimen.

Eier mit saurem Rahm

Zutaten
1 Becher saurer Rahm
1-2 EL Senf, je nach Geschmack
1 TL Honig
Salz und weißer Pfeffer
hartgekochte Eier nach Bedarf
reichlich Semmelbrösel

Aus den Zutaten wird eine schmackhafte, kalte Rahmsauce angerührt. Die Eier kommen geschält auf einen tiefen Teller. Sie werden mit der Sauce übergossen. Darüber streut man eine dicke Schicht Semmelbrösel.

Fleischspieße
über offenem Feuer

Einfache Art
500 g Lammfleisch (Keule oder Schulter)
4 EL Olivenöl
Salz und Pfeffer

Das Fleisch in 1 cm große Würfel schneiden, auf Stecken spießen, mit Öl einreiben und würzen. 10 bis 15 Minuten über der Glut eines Holzfeuers braten.

Verfeinerte Art
500 g gewürfeltes Lammfleisch (siehe oben)
2 EL Weinessig
4 EL Olivenöl
1 EL frischer, gehackter oder
½ TL getrockneter Oregano
2–3 Knoblauchzehen, zerquetscht
einige kleine grüne Zwiebeln
Salz und Pfeffer

Aus Essig, Öl, Oregano und Knoblauch eine Marinade anrühren. Das Fleisch mit dieser Marinade einstreichen und eine Stunde einwirken lassen.
Die Fleischwürfel auf Metallspieße reihen, abwechselnd mit Zwiebelhälften oder -vierteln. Mit Salz und Pfeffer leicht würzen. Über glühender Holzkohle grillen, währenddessen die Spieße gelegentlich drehen.

Lammkeule für ein Hirtenfest

Zutaten

1 große Lammkeule, etwa 2 kg schwer
mindestens 4–5 Knoblauchzehen, in Stifte geschnitten
Senf, Salz und Pfeffer, 4 EL Olivenöl
Thymian und Rosmarin, 1 Glas heißes Wasser

Die Lammkeule sauber abreiben. Rundherum mit Knoblauchzehen spicken. Mit Senf einreiben und mit Salz und Pfeffer würzen. Das Öl mit den Kräutern mischen. Diese Marinade über die Keule träufeln und einklopfen. Die Keule mit der fetten Seite nach oben in einen großen Bräter legen. Im vorgeheizten Ofen bei 200 Grad rund 30 Minuten braten. Dann die Keule wenden, mit dem heißen Wasser übergießen. Die Hitze auf 160 Grad reduzieren.
Das Fleisch braucht 2 bis 2½ Stunden, je nachdem, ob es «halbgar» oder «gar» sein soll. Zwischendurch häufig mit dem Fleischsud begießen.

Marinierte Lammkotelettchen

Für eine Marinade werden fünf Knoblauchzehen gehackt und mit ½ l Olivenöl verrührt. Dann gibt man noch ein Zweiglein frischen Salbei dazu.
Die Fleischstückchen werden in dieser Marinade einen Tag lang eingelegt. Dann nimmt man sie heraus, tupft sie mit Küchenpapier ab, würzt sie mit etwas Pfeffer und Salz und grilliert sie über einem offenen Feuer.

Kichererbsenpüree

Zutaten
250 g getrocknete Kichererbsen
Wasser, 2 TL Salz
3 mittelgroße, zerdrückte Knoblauchzehen
3–4 EL Zitronensaft
1 Glas Sesamsauce (siehe Seite 136)

Getrocknete Kichererbsen müssen mindestens 12 Stunden in Wasser eingeweicht werden: zuerst gut waschen, dann in eine Schüssel geben und mit Wasser reichlich bedecken. (Es gibt bereits eingeweichte Kichererbsen in Gläsern und Konserven. Die entsprechende Menge zu 250 g getrockneten Kichererbsen sind etwa 2 Gläser voll.)
Am nächsten Tag das Wasser abgießen. Die Erbsen in einen großen Topf geben und mit frischem Wasser bedecken. Salzen. Bei starker Hitze zum Kochen bringen.
Auf kleiner Hitze brauchen die Erbsen rund drei Stunden, dann sind sie weich. Währenddessen von Zeit zu Zeit verkochte Flüssigkeit auffüllen.
Die weichen Erbsen in ein Sieb gießen, das Kochwasser aufbewahren.
Erbsen, Knoblauch und 1,5 dl Kochwasser in eine Schüssel geben und zu einem glatten Püree zerstampfen. Den Zitronensaft löffelweise unters Püree rühren, dann mit der Sesamsauce mischen. Das Püree wird eine Weile lang kräftig geschlagen; so entsteht ein dickflüssiger Brei.
Man serviert das Püree in Schüsselchen und tunkt es mit Fladenbrot auf.

ALLTAGSLEBEN
IN NAZARETH

Und er ließ sich in der Stadt mit Namen Nazareth nieder.
Matthäus 2, 23

M aria und Joseph, Jesu Eltern, kehrten aus dem Exil
in Ägypten wieder dorthin zurück, von wo sie vor
der Volkszählung gekommen waren.

Nazareth war ein kleines jüdisches Dorf, wie es viele
gab in Galiläa. Ein Dorf von vielleicht dreihundert Ein-
wohnern, in dem es keine eigentlichen Straßen gab, nur
Plätze zwischen den Häusern und Fußpfade. Im Mittelpunkt des Dorfes stand der Brunnen, und auf dem offenen Platz, dem Marktplatz, verbrachten die Bewohner
viel Zeit. Jeden Tag trafen sich die Frauen am Brunnen
und plauderten miteinander. Und abends, nachdem die
Bauern vom Feld gekommen waren und die Handwerker
ihre Arbeit beendet hatten, versammelten sie sich hier,
um die Tageserlebnisse zu besprechen.

Nazareth besaß eine Synagoge. In ihr lernte Jesus lesen; hier hörte er die Geschichten der großen Glaubens-
helden Israels, wie alle jüdischen Knaben ab fünf Jahren.
Diese gänzlich religiöse Schulerziehung dauerte bis zum
13. Lebensjahr, wenn die Knaben in die Pubertät kamen.
Von nun an galten sie rechtlich als Männer. Üblich war
es bei den Juden, daß der Junge Lehrling seines Vaters
wurde und dessen Gewerbe erlernte. Jesus hingegen ging
fort aus Nazareth, um zu lernen und zu lehren. Hin und
wieder drängte es ihn an den Ort seiner Kindheit zurück.
*«Und er kam nach Nazareth, wo er aufgewachsen war, und
ging nach seiner Gewohnheit am Sabbat in die Synagoge und*

stand auf und wollte vorlesen. Da wurde ihm das Buch des Propheten Jesaja gereicht» (Lukas 4, 16–17).

Man darf annehmen, daß die Familie von Joseph in einem kleinen, einräumigen Haus mit flachem Dach gelebt hat, wie es typisch war in Palästina. Und da die Juden gerne unter freiem Himmel speisten, taten sie das oft auch auf dem Dach. Auch Vorräte wurden dort aufbewahrt; Krüge mit Getreide und Olivenöl, in Salz eingelegte Fische, getrocknete Feigen. Im Sommer, wenn es im Haus selbst nachts zu heiß war, diente das Dach sogar als Schlafstätte.

Die Frau kümmerte sich um den Haushalt, und das war eine schwere Arbeit. Es war ihre Sache, zu spinnen und die Stoffe zu weben. Und es gehörte zu ihren Aufgaben, Mehl und Brot herzustellen. Weizen und vor allem Gerste wurden in Mörsern zerkleinert oder zwischen zwei flachen Steinen zermahlen und das Mehl zu Brot gebacken. Das geschah täglich, denn Brot war Grundnahrungsmittel, und man aß es zu jeder Mahlzeit. Die Familie hockte auf einer Matte am Boden. Eine große Schüssel stand in der Mitte mit Suppe, Eintopf oder Gemüse, man brach das Brot, tunkte es und aß gemeinsam aus einem Gefäß.

Die Frau buk das Brot in kleinen zylindrischen Öfen, während sie das Feuer mit Stroh, getrocknetem Gras oder Holzkohle am Leben hielt. Auch die Mahlzeiten kochte sie auf einem ähnlich konstruierten, niedrigen Steinherd.

Auf dem Lande hatten die meisten Leute einen kleinen Gemüsegarten. Dort zogen sie verschiedene Gemüse, z. B. Linsen und Bohnen, Lauch, Gurken und Melonen. Auch schattenspendende Feigenbäume, die zweimal im Jahr Früchte trugen, gehörten dazu. Das gab willkommene Abwechslung bei der an sich eher gleichförmigen Nahrung. Denn Fleisch aß das gewöhnliche Volk meist nur zu Familienfesten. Dann gab es ein Zicklein, ein Lamm oder Kalb, das in der Regel über einem Holzfeuer gebraten wurde. Größter Beliebtheit erfreuten sich Schmorgerichte aus Linsen und Bohnen mit Hammelfleisch. Die Armen aber aßen hauptsächlich Fisch. Ziegen lieferten Milch und Käse. Honig diente als Süßstoff, Salz lieferte das Tote Meer.

Vom Nazareth aus Jesu Zeiten ist kaum etwas erhalten. Nachdem es im Mittelalter von Moslems total zerstört wurde, wuchs auf den Trümmern eine neue Stadt. Heute zählt Nazareth annähernd 60 000 Einwohner, hat über 80 Kirchen, Klöster, Hospize, Spitäler und Schulen, Glocken und Türme. Die Stadt ist nach Jerusalem und Bethlehem das dritte Zentrum christlicher Pilgerfahrten, beherrscht von der monumentalen Verkündigungskirche, die nicht so ganz gefallen will in ihrer protzigen, kalten Größe.

Die schöne Umgebung hingegen, in der Jesus seine Kinderjahre verbracht hat, beeindruckt den Reisenden immer noch. Zwischen Hügeln, von Zypressen gekennzeichnet und mit Zedern bewaldet, dehnt sich die Stadt in mehreren Ringen weit aus. Sie liegt am Rande der Jesreel-Ebene und auf halber Strecke zwischen Mittelmeer und See Genezareth. Olivenbäume und Zitrusgewächse tragen reichlich Früchte. Eine liebliche Landschaft, von der man sich vorstellen kann, wie sie Anlaß bot zu Gleichnissen vom Säen und Ernten, vom Wachsen und Vergehen der Natur. In diesem Sinne etwa mag Jesus seine Heimat gesehen haben. Spätere Äußerungen widerspiegeln diesen Eindruck, wenn er von Lilien auf dem Felde spricht, auch von der Sorge des Hirten um seine Schafe.

Gerstenbrot

Zutaten
3 dl Milch
75 g Hefe*
1 EL Honig
3 EL Öl
200 g Gerstenmehl**
ca. 600 g Weizenmehl
2 TL Salz

Die Milch erwärmen; 2 EL lauwarme Milch abnehmen und darin die Hefe auflösen. Diese zusammen mit Honig und Öl in die Milch rühren. Gerstenmehl in eine große Schüssel geben, mit der Flüssigkeit übergießen. Daraus einen geschmeidigen Teig arbeiten, was am besten mit den Händen geht! Nach und nach etwa zwei Drittel des Weizenmehls, gemischt mit dem Salz, zum Teig geben und einarbeiten. Einen Kloß formen und diesen eine halbe Stunde ruhen lassen. Den Teig auf einer bemehlten Platte durchkneten und noch soviel Weizenmehl hineinarbeiten, bis er wiederum angenehm geschmeidig ist. Daraus einen großen, runden oder zwei kleinere Brotlaibe formen. Auf ein gefettetes Backblech legen und eine halbe Stunde ruhen lassen, bevor das Blech in den Ofen geschoben wird. Das Brot wird bei 220 Grad im vorgeheizten Ofen rund eine halbe Stunde gebacken.

---

* Anstelle von Hefe wurde ein Stück roher Teig vom Vortag («Sauerteig») in den frischen Teig eingearbeitet.
** Gerste, das Brot der Armen, wird an vielen Stellen der Bibel zusammen mit Weizen genannt. Gerste wurde meist zu Fladenbrot verwendet. Sollten Brotlaibe nicht dünn und flach geraten, mußte Gerste mit viel Weizen gemischt werden.

Gurken
für den Vorrat

Zutaten
500 g kleine Gemüsegurken
4 Gläser mildes Salzwasser
2 Gläser Essig
1 EL Olivenöl
1 Handvoll gehackter Dill
2 Lorbeerblätter
2 gestiftelte Knoblauchzehen
einige große Weinblätter

Die Gurken reinigen, waschen und in ein Steingutgefäß legen. Das Salzwasser zusammen mit dem Essig aufkochen. Öl und alle Gewürze dazugeben, umrühren. Die Beize über die Gurken gießen. Die Weinblätter obenauf verteilen. Damit das Gemüse während der Einlegezeit mit Flüssigkeit bedeckt bleibt, legt man obenauf einen schweren Stein. Die Gurken brauchen wenigstens eine Woche, bis sie das pikante Aroma voll aufgenommen haben.

Gurken in Joghurtsauce

Zutaten
1 große Salatgurke oder mehrere kleine Gemüsegurken
3 Becher Joghurt natur
3 Knoblauchzehen, zerdrückt
1 EL Olivenöl
Pfeffer und Salz
1 bis 1½ TL getrocknete, zerstoßene oder
2 EL feingehackte frische Minze

Die Gurken schälen und in kleine Würfel schneiden. Mit Salz bestreuen, in ein Sieb geben und abtropfen lassen. Joghurt mit Knoblauch, Öl und den Gewürzen mischen. Eine kleine Weile mit einem Schneebesen schlagen. Die abgetropften Gurken mit der Joghurtsauce vermengen. Zur optischen Verfeinerung: vor dem Servieren mit Minzeblättern garnieren.

Kalte Joghurtsuppe

Das Rezept ist das gleiche wie das vorangegangene. Man verwendet lediglich etwas mehr Joghurt und «verlängert» mit Milch.

Burghul *(Weizenschrot)*

Weizenkörner zu Burghul gekocht ist eine der meistgegessenen Grundmahlzeiten im Vorderen Orient. Eine Möglichkeit auch, sättigende Suppen, Füllungen und im eingeweichten Zustand sogar frische Salate herzustellen. Burghul ist Beilage zu Schmortopfgerichten, Fleisch, Gemüse. Und so wird er gekocht:

Zutaten
500 g Weizenschrot (Burghul)
2 x 50 g Butter
2 große, feingehackte Zwiebeln
etwa 5 dl Wasser oder Fleischbrühe
Salz

Man benötigt einen großen Topf. Darin werden zunächst die Zwiebeln in 50 g heißer Butter goldgelb angebraten. Nun kommt das Weizenschrot dazu, das kräftig gerührt wird und während 10 Minuten mitschmort. Man gießt so viel Wasser hinzu, bis die Masse etwa daumendick hoch bedeckt ist, salzt, rührt gut um und läßt 10 Minuten auf kleiner Hitze kochen. Wenn die Flüssigkeit aufgesogen ist, kommt nochmals etwas Wasser hinzu.
Man schmilzt die zweite Portion Butter und gießt sie über den Burghul, schließt den Topf, stellt ihn auf eine warme Platte und läßt das Gericht noch etwa eine halbe Stunde aufquellen.

Köstliche Variante
Burghul wird seit Alters her auch mit Nuß-Aroma gekocht: Walnußkerne wurden in ein Tuch gewickelt, mit dem Nudelholz zerkleinert und in den Burghul gerührt.

Burghul-Salat

Zutaten
250 g Burghul (Weizenschrot)
4–5 grüne Zwiebeln, feingehackt
Salz und Pfeffer
2 Handvoll gehackte Petersilie
2 Handvoll gehackte Minze
2 EL Olivenöl
½ Glas Zitronensaft
abgekochte Weinblätter
schwarze Oliven

Den Burghul eine Viertelstunde in Wasser einweichen. In ein Sieb abgießen, gut abtropfen lassen und in eine Schüssel schütten. Die Zwiebeln dazugeben, beides miteinander mischen. Am besten mit den Händen und dabei kräftig mengen, damit der Zwiebelsaft in die Körner eindringt. Kräuter und Öl zum Salat mischen und würzen. Den Zitronensaft löffelweise darunter rühren und probieren: er soll dominant sauer schmecken.
Salat in Schüsselchen oder auf einer großen Platte anrichten: Zunächst mit Weinblättern auslegen, darauf den Salat häufeln und mit Oliven garnieren.

Bohnen-Hammeltopf

Zutaten

400 g Puffbohnen
1 Glas Sesamöl
2 Zwiebeln, gewürfelt
2–3 Knoblauchzehen, gescheibelt
etwa 300 g gewürfeltes Hammelfleisch
etwa 4 Gläser Wasser
1 TL Kümmel
1 Prise gemahlener Koriander
Salz und Pfeffer
1 Handvoll glatte Petersilie

Puffbohnen nahmen in biblischen Zeiten einen wichtigen Platz auf dem Speisezettel ein. Sie wurden getrocknet, teilweise mit einem Mörser zu Mehl gestampft, um einen Brei oder eine dicke Suppe herzustellen. Puffbohnen sind bei uns unter den Namen «dicke Bohnen», Pferdebohnen, Saubohnen geläufig.

Getrocknete Puffbohnen werden über Nacht eingeweicht, bevor man sie zum Kochen verwendet.

Man nimmt einen schweren Topf, erhitzt das Öl und dünstet Zwiebeln und Knoblauch glasig. Das Fleisch wird zum Gemüse gegeben und kräftig angebraten. Einen Teil des Wassers zugießen und zum Kochen bringen.

Die eingeweichten Bohnen abgießen und zusammen mit Kümmel und Koriander zum Fleisch geben. Gut umrühren und auf kleiner Hitze eine halbe Stunde kochen lassen. Falls die Flüssigkeit einkocht, Wasser nachgießen. Mit Salz und Pfeffer würzig abschmecken, weiterköcheln lassen, bis das Fleisch weich ist. Vor dem Servieren die gehackte Petersilie über den Eintopf streuen.

Salat
aus weißen Bohnen

Zutaten
250 g kleine weiße Bohnen
Salz, ½ TL Thymian
1 Stange Bleichsellerie
1 Handvoll schwarze Oliven
6 EL Öl
3 EL Essig
2 grüne Zwiebeln, fein gehackt
Salz und Pfeffer

Die Bohnen mit Wasser bedeckt über Nacht einweichen. Im Einweichwasser mit Salz und Thymian weich kochen. Derweil den Sellerie sehr fein würfeln und ihn die letzten 15 Minuten mitkochen lassen. Das gekochte Gemüse zum Abtropfen in ein Sieb gießen. Die Oliven entkernen und unter das Gemüse mischen. Aus den letzten 5 Zutaten eine kräftig abgeschmeckte Marinade anrühren, über das Gemüse gießen und eine Zeitlang einwirken lassen.

Linsensuppe

Zutaten
250 g kleine rote Linsen
1 l Hühnerbouillon
1 große Zwiebel
1 Stange Lauch
1 TL gemahlener Kümmel
Salz und Pfeffer

Die gewaschenen Linsen in die Bouillon geben und zum Kochen bringen. Währenddessen Zwiebel kleinschneiden, Lauch fein scheibeln, beides zur Suppe geben. Auf kleiner Hitze gut eine Stunde kochen lassen. Mit Kümmel, Salz und Pfeffer abschmecken.

Verfeinerung
Eine zweite Zwiebel in hauchdünne Ringe schneiden, in Öl dunkelbraun dünsten. Petersilie hacken. Beides mischen und zum Schluß in die Linsensuppe rühren.

Linsensalat

Zutaten
250 g große dunkelbraune Linsen
1 Stange junger Lauch

Für die Salatsauce
3 EL Oliven- oder Salatöl
2 EL Essig, wenig Senf
½ TL gemahlener Koriander
Salz und Pfeffer, 1 Prise Zucker

Die Linsen einige Stunden einweichen, dann das Wasser abgießen.
In frischem, leicht gesalzenen Wasser knapp garkochen (bißfest), das Wasser wieder abgießen.
Die Zutaten für die Salatsauce mischen, kräftig abschmecken und über die noch heißen Linsen gießen. In einer Schüssel anrichten.
Den gewaschenen Lauch in allerfeinste Ringe schneiden und über den Salat streuen.

Variante
Einen reifen Apfel würfeln und unter den Linsensalat mischen.

Schmorgericht
aus Lunge und Leber

Zutaten

Weizenschrotbrei (Burghul), siehe S. 87
Je 300 g Kalbslunge und Kalbsleber
3–4 mittelgroße Zwiebeln, grob gehackt
1 Glas Sesamöl
2 Stangen Lauch, in Röllchen geschnitten
2 große Knoblauchzehen, gehackt
Salz und Pfeffer
Kardamom, gemahlen
Zitronensaft
gehackte Petersilie

Während der Burghul gart und quillt, reicht die Zeit, sich dem Fleisch zu widmen:
Die Lunge wird zunächst gut gewässert, dann in leicht gesalzenem Wasser (Bouillon) gargekocht und anschließend in Streifen geschnitten.
Auch die Leber wird in Würfel geschnitten.
Die Zwiebeln im Schmortopf in reichlich Öl kurz dünsten. Man gibt Fleisch, Lauch und Knoblauch dazu, rührt gut durch, läßt kurz und kräftig schmoren. Darauf mit einem Glas Wasser auffüllen, mit Salz, Pfeffer und Kardamom würzen und zugedeckt bei kleiner Hitze eine Weile kochen, bis Fleisch und Gemüse zusammengekocht sind. Zum Schluß mit Zitronensaft abschmecken – ein leicht säuerlicher Geschmack steht dem Lungen-Leber-Gericht gut an –, und die Petersilie unters Fleisch rühren.
So wird das Gericht auf den Tisch gebracht: Den Burghul häufelt man auf eine große Steingutplatte und verteilt das geschmorte Fleisch darüber.

Wassermelone

Spricht man im Vorderen Orient von Melonen in den Gärten der Leute, so sind die Wassermelonen gemeint, die im Hebräischen *avatihim* heißen. Schon im 4. Buch Mose werden sie erwähnt, als sich nämlich das Volk Israel in der Wüste der Gurken und Melonen, des Lauchs, der Zwiebeln und des Knoblauchs erinnerte. Gemüse, die es in Ägypten gegessen hatte. Über die Jahrtausende blieb die Wassermelone begehrt und geschätzt. Im heutigen Israel wachsen die prächtigen kugelrunden Früchte hauptsächlich in der Küstenebene entlang dem Mittelmeer und in der Jordanebene als eine Sommerfrucht, die nicht bewässert werden muß. Ihr saftiges, sehr wasserhaltiges Fruchtfleisch ist meist rot. Es schmeckt herrlich süß, solange die Früchte an der Sonne ausgereift sind. Vor allem aber: Melonenfleisch löscht den Durst und erfrischt.

Die reifen, zum Gebrauch bestimmten Früchte lagert man möglichst kühl. Sie werden in Schnitze geschnitten und aus der Hand gegessen. Im Haushalt schneidet man sie vielfach auch in mundgerechte Würfel und bietet sie als Erfrischung an, als kleinen Imbiß, zum Empfang von Gästen oder als Dessert. Dann ißt man sie mit Gabeln von Tellern oder aus einer gemeinsamen Schüssel.

DER FEIGENBAUM

Seht den Feigenbaum und alle andern Bäume an; schon wenn ihr seht, daß sie ausschlagen, merkt ihr, daß nun der Sommer nahe ist. Lukas 21, 29

Er gehört zum Bild Israels – heute wie damals, zur Zeit Jesu und noch viel früher. An den Hügelhängen, die Nazareth umrahmen, im Hochland von Judäa oder im Tal Siloah bei Jerusalem – überall ist er unschwer zu erkennen, der eher klein gewachsene Feigenbaum, an seinen großen, derben, fingerförmig gelappten Blättern und seinen birnenförmigen Früchten in Grün und Violett.

Der Feigenbaum ist ein biblischer Baum. Im Alten Testament wird er neben dem Rebstock und dem Ölbaum immer wieder genannt. Und seine Blätter machten schon in der Schöpfungsgeschichte von sich reden, als Adam und Eva ihre Nacktheit feststellten und ihre Scham mit Feigenblättern zudeckten.

Für die hohe Qualität der Feigen bürgen Philosophen und Dichter der Antike. So bedachte Aristophanes sie mit höchstem Lob: es gäbe nichts Süßeres als Feigen. Und Platon behauptete, ein Körbchen Feigen würde ihn das Philosophieren vergessen lassen.

Feigen waren allerdings alles andere als eine Delikatesse; sie stellten vornehmlich eine Volksnahrung dar. Ob frisch oder getrocknet: Kanaan, das Land der Juden im Alten Testament, galt nicht zuletzt seiner Feigenbäume wegen als fruchtbar. Und sowohl die Juden als auch ihre Nachbarvölker, die Griechen vor allem, trieben gute Geschäfte mit dieser Frucht.

Feigen galten einst als so wichtiges Nahrungsmittel, daß der Feigenbaum in allen alten Mittelmeerkulturen als Symbol für Fruchtbarkeit und Wohlbefinden stand.

Frische Feigen

Die reifen Früchte werden gewaschen und trockengerieben. Man schneidet die Stiele ein Stück weit ab und häufelt die Feigen zu einer Pyramide auf einen großen Teller. Feigen werden vorwiegend als Dessert serviert. Sie dienen aber auch als Imbiß und als Geste der Gastlichkeit, wann immer ein Besucher dem Hausherrn und seiner Familie aufwartet. Frische Feigen sind auch das I-Tüpfelchen in einem Fruchtsalat.

Getrocknete Feigen

Nach alter Tradition trocknet man die reifen Früchte in der Sonne: Es werden Tücher auf den Hausdächern ausgebreitet, auf denen die Früchte ausgelegt werden. In der heißen Sonne des Südens schrumpeln sie während vieler Tage und Wochen zu Dörrobst und entwickeln dabei ihre herrliche Süße. Getrocknete Feigen bedeuten einen wertvollen Nahrungsvorrat. Daran hat sich in manchen Gebieten des Vorderen Orients seit alters her kaum etwas geändert.

Feigenspeise

Zutaten
300 g getrocknete Feigen
3 EL Honig
½ Glas Zitronensaft

Die Feigen werden einen Tag lang gedeckt in Wasser eingeweicht. Man beläßt sie im Einweichwasser und bringt
die Früchte zum Kochen. Der Honig wird zugefügt, und die
Feigen kochen eine weitere Viertelstunde sanft vor sich
hin. Zum Schluß schmeckt man sie leicht säuerlich ab und
serviert sie erst, wenn sie abgekühlt sind.

Feigen in Rotwein

Zutaten
8–10 frische Feigen
5 dl Rotwein
150 g Zucker
1 Stange Vanille

Wein, Vanille und Zucker in einen Topf geben, auf kleiner
Hitze zum Kochen bringen, umrühren und eine kleine Weile
weiterkochen lassen.
Wenn der süße Wein etwas eindickt, werden die gewaschenen Feigen hineingegeben. Den Topf schließen und
das ganze 10 Minuten sanft kochen lassen.
Am besten schmecken diese leicht stimulierten Feigen kalt
serviert.

Gefüllte Feigen

Man nimmt reife, aber nicht zu weiche Feigen und füllt sie mit Nüssen:
Walnüsse oder auch andere Kerne wie Mandeln und Pistazien grob hacken. Die Früchte bis fast zur Hälfte einschneiden, je einen Teelöffel Nüsse hineinstreuen und die Hälften wieder zusammendrücken.
Dazu wird eine Schüssel geschlagener Rahm serviert, in die man die Früchte tunkt, bevor man sie ißt.

Grüne Feigen in Sirup

Zutaten
Auf 1 kg junge Feigen kommen
knapp 1 kg Zucker
5 dl Wasser
Saft von 2 Zitronen
1 EL Blüten-Wasser (z. B. Rosenwasser)

Für diese Art, Feigen zu konservieren, erntet man die ersten, noch nicht ausgereiften Früchte. Sie sind noch klein und grün. Man schneidet die Stiele ab und wäscht die Feigen.
Zucker und Zitronensaft werden zusammen mit dem Wasser aufgokocht, dann solange sanft weitergekocht, bis die Flüssigkeit leicht eingedickt ist. Nun kommen die Feigen in den Sirup und weichen darin eine Nacht lang. Am nächsten Tag kocht man die Feigen so lange, bis sie honigweich sind. Die Früchte werden aus ihrem Saft genommen und in ein sauberes Gefäß umgefüllt. Der Saft wird eingekocht, bis er dickflüssig ist, und mit Blütenwasser verfeinert. Den dicken Saft gießt man über die Früchte und verschließt das Gefäß sehr gut.

JOHANNES
DER TÄUFER

*Johannes aber trug ein Gewand aus Kamelhaaren und einen
ledernen Gürtel und aß Heuschrecken und wilden Honig.*
Markus 1, 6

Als Johannes und Jesus sich am Jordan zur Taufe be-
gegneten, waren sie um die 30 Jahre alt. Sie hatten
sich vorher nie gesehen, obgleich man ihnen nachsagt,
sie seien Vettern gewesen, Söhne der Cousinen Elisabeth
und Maria.

Johannes hat seine Kindheit in einem religiösen jüdischen Elternhaus verbracht, denn sein Vater Zacharias
war Priester in dem Dorfe Bet Kerem, südwestlich von
Jerusalem, am Rande der Wüste. So mag die Neigung
zum Sinnen und Nachdenken in Einsamkeit schon früh
geweckt worden sein. Kaum erwachsen, zog sich Johannes in die Wüste zurück und wirkte dort bis zu seiner
Gefangenschaft als Bußprediger. Er trat vor allem in der
Gegend südlich von Jericho und am Jordan auf, war voller Leidenschaft im Verkünden des erwarteten Messias,
verdammte das Sündhafte und taufte die Menschen mit
dem Jordanwasser. *«Es begab sich zu dieser Zeit, daß Jesus
aus Nazareth in Galiläa kam und sich von Johannes im Jordan taufen ließ»*, heißt es bei Markus 1, 9. Das war die
entscheidende Begegnung zwischen den beiden Männern,
auch für Jesus, der nun mit seiner Prediger- und Verkün-
digungstätigkeit in der Öffentlichkeit begann.

In der judäischen Wüste, seinem Stammquartier, lebte
Johannes nach dem Vorbild des Propheten Elias. Elias
steht dabei für den Kampf gegen heidnische Götter und

99

für die Hilfe, die Unterdrückten zuteil wird. Das war aus Johannes' Sicht insbesondere auf die römische Beherrschung gemünzt. Sein Leben war karg. Johannes trug ein Kleid aus Kamelhaaren und einen Ledergürtel um die Lenden. Er nährte sich von dem, was die Wüste bot. Heuschrecken und Honig nennt Markus. Nach Meinung mancher Gelehrter könnten es die Früchte des Johannisbrotbaumes gewesen sein: längliche Schoten, denen der Stangenbohnen bei uns ähnlich, die eine mehlige, süße Substanz enthalten. Zu jener Zeit wurde das Johannisbrot von den Griechen oftmals als Schweinefutter verwendet. Auch heute noch kennt man es in Israel, gemahlen als Bereicherung zur Tierfütterung; in den USA hat man es wiederum zu einem Reformhaus-Produkt erhoben. Auf den bunten Märkten im Vorderen Orient findet man neben Hülsenfrüchten, Nüssen und Sonnenblumenkernen auch die getrockneten Schoten des Johannisbrotbaumes, beliebt zum Beißen und Knacken zwischen den Zähnen.

Auch andere Wüstenfrüchte dürften Johannes bekannt gewesen sein: die Sabrefrucht, feinstachelige, birnengroße Kaktusfrüchte voll saftigen, süßen Fleisches. Dann das Manna, von dem im Alten Testament berichtet wird, ebenfalls eine süßliche, wohlschmeckende Substanz, deren Ursprung allerdings weniger delikat anmutet. Manna wird von einer gleichnamigen Schildlaus hervorgerufen, die auf den Tamarisken in der Wüste lebt.

Fraglich ist, ob Johannes bei seiner asketischen Lebensweise auch auf Wachteln kam, die im Frühling alljährlich in großen Schwärmen von Afrika über die Wüste nach Asien zogen. Nach dem langen Flug über das Rote Meer ließen sie sich immerhin so erschöpft nieder, daß sie leicht mit der Hand zu fangen waren. Einfach wie das Einfangen der Heuschrecken, die bis heute in der Küche des Vorderen Orients als Leckerbissen gelten. Das nachfolgend aufgegriffene Rezept stammt von Jemeniten, die 1948 nach Israel eingeflogen wurden.

Im einfachen Volk fand Johannes viel Anhängerschaft. Nicht so bei der herrschenden Schicht, schon gar nicht im Gefolge des Antipas, der ihn mit höchstem Argwohn beobachtete. Die Popularität des Predigers gerade in des Königs Herrschaftsbereich, die wortgewaltige, ja scharfe Kritik am Lebenswandel des Herodes Antipas kostete Johannes endlich den Kopf. Er wurde gefangengenommen und auf der Festung Machairos eingekerkert. Dem Evangelium zufolge scheute Antipas anfänglich vor der Hinrichtung des Johannes zurück. Den gleichen Quellen ist aber auch zu entnehmen, daß Herodias' Tochter Salome vor dem entzückten König tanzte und einen Wunsch frei hatte. Von der Mutter angestachelt, forderte sie das Haupt des Johannes.

Johannes' Leichnam wurde in Samaria beigesetzt. Die Geschichte seiner Enthauptung motivierte später viele Künstler zur Darstellung des Geschehens.

Gebackene Heuschrecken

Es sind die ägyptischen Wanderheuschrecken, die heute als Leckerbissen zubereitet werden. Man brüht sie mit Wasser ab, backt sie kurz über der Glut (oder im Ofen) und läßt sie einen Tag in der heißen Sonne der Wüste trocknen. Dann bricht man Kopf, Beine und Flügel ab und genießt den Happen Leib.

Kaktusfrüchte

In Israel sind sie unter dem Namen «Sabrefrüchte» geläufig. Das Fruchtfleisch der Kaktusfrüchte wird roh gegessen. Vorsicht ist beim Pflücken und Öffnen der Früchte geboten, die, meist gelblich-rot bis dunkelrot gefärbt, mit unzähligen mikroskopisch kleinen Stacheln überzogen sind.
Die ursprüngliche Art der Ernte ist, die Früchte mit einem Tuch zu pflücken. Sie werden gründlich im Wüstensand abgerieben, damit der Stachelpelz verschwindet, und anschließend geschält.
Die heutige Art: Mit Gummihandschuhen pflücken und schälen. Mit einem scharfen Messer werden die beiden Fruchtenden abgeschnitten. Dann ritzt man die Frucht länglich viermal ein und zieht die Schalenteile zu den Seiten hin ab.

Wachteln am Spieß

Einfache Art
Die kleinen Vögel werden in sehr heißes oder gar kochendes Wasser getaucht, dann die Federn mit der Hand ausgerupft. Kopf und Füße werden abgeschnitten, die Vögel ausgenommen. Man spießt sie auf kräftige Stecken und brät sie über offenem Feuer.

Verfeinerte Art
Die präparierten Vögel reibt man mit Salz und Pfeffer ein. Sie werden mit kleinen Abständen auf einen Metallspieß gereiht.
Eine Marinade wird angerührt aus Olivenöl, Thymian und Zitronensaft, mit der man die Vögel bestreicht.
Man grillt sie 10 Minuten über einem Holzkohlenfeuer. Währenddessen werden sie ein- bis zweimal gewendet und zwischendurch mit der Marinade bepinselt.

Koriander-Honig

Dieses Getränk kann man sowohl heiß als auch kalt trinken: wärmend in der Winterzeit und in den kalten Wüstennächten, erfrischend am Tag.

Zutaten für einen Becher Koriander-Honig:
1 Becher Wasser
2–3 EL Honig
½ TL gemahlener Koriander

Das Wasser kocht man im Topf auf, rührt den Honig hinein und löst ihn auf, gibt das Gewürz dazu, rührt lange und gut und läßt das Getränk noch etwas ziehen.

Wilder Honig

Frühe Dokumente aus alten Kulturen lassen darauf
schließen, daß in den Königsgärten der großen Rei-
che Bienen gehalten wurden. Auf einer Tontafel aus
der Zeit um 700 v. Chr., die man in Ninive ausgrub,
heißt es: «*Schicke mir entweder zehn sila Honig oder
sechzig sila gute Datteln als Geschenk.*» Eine Aufforde-
rung des Königs Assurbanipal, der die Antwort des
betreffenden Stadthalters beilag: «*Es gibt hier keinen
Honig, wir werden Bescheid geben nach Ursu, und man
wird Honig bringen.*»

Bienen, Honig und Wachs bedeuteten den Menschen im östlichen Mittelmeergebiet in frühester
Zeit schon viel. Uralte Wandgemälde aus der Tür-
kei erzählen davon und Reliefs auf ägyptischen Al-
tären. In der Bibel sind die Hinweise zahlreich. Wie
allerdings Bienenhaltung im einzelnen betrieben
wurde, kann aus Funden nicht ermittelt werden.
Auch ist nicht auszumachen, inwieweit es sich um
echten Bienenhonig oder um den sehr verbreiteten
Fruchthonig handelte. Bekannt waren verschiedene
Honigarten: dunkler und heller Honig, Dattel-,
Weintrauben- und Feigenhonig, unvermischter Honig, ebenso Bienenwachs. «Wilder Honig» bot sich
vermutlich in Mengen an. Honig, den man aus Fels-
nischen erntete, aus Gesteinshöhlen auch und aus
hohlen Bäumen, von überall dort, wo sich zahllose
Bienenschwärme in Spalten und Klüften ansiedel-
ten.

Honigfladen

Einen Brotfladen (Seite 73) in kleine Stücke zupfen. Honig in einem breiten, niedrigen Gefäß über der Glut flüssig werden lassen. Die Brotstücke hineinlegen, dann wenden, damit sie sich voll mit Honig saugen. Dann herausnehmen, auf heißen Stein legen und in der Sonne trocknen lassen.

Palast-Brot

Diese beliebte Süßigkeit im Vorderen Orient hat den biblischen Honigfladen zum Vorbild. Man braucht dazu saugfähiges Brot und Sirup.

Von einem Brotlaib schneidet man 2 cm dicke Scheiben und entfernt die Rinde. Das Brot in grobe Brocken zupfen und bei niedriger Temperatur im Ofen austrocknen .
Den *Sirup* kocht man aus gleichen Teilen Honig, Butter, Zucker und etwas Zitronensaft:
Alle Zutaten in einen Topf geben, mischen und unter ständigem Rühren schmelzen lassen. Solange kochen, bis die Flüssigkeit eingedickt ist.
Die Brotbrocken in den Sirup legen und mit einem Holzlöffel hineindrücken. Solange wälzen, bis sie sich vollgesogen haben.
Die Brocken herausnehmen und auf einer Platte abkühlen lassen.
Das Palast-Brot wird mit Schlagrahm oder saurem Rahm angeboten.

Johannisbrotkuchen

Zutaten
1 Tasse Mehl
½ TL Backpulver
1 Prise Salz
50 g Butter
1 EL Johannisbrotpulver (in Reformhäusern erhältlich)
3 Eier
1 Tasse Zucker

Mehl, Backpulver und Salz mischen. In einem Topf Butter zerlaufen lassen und das Johannisbrotpulver hineinrühren. In der Backschüssel die Eier schaumig schlagen, den Zucker darunterrühren.
Johannisbrot-Buttermischung und Mehl hinzufügen.
Alles zu einem glatten Teig rühren.
Eine Backform dünn mit Öl ausreiben. Den Teig hineingeben und verteilen.
Den Ofen vorheizen und den Kuchen bei 180 Grad eine halbe Stunde backen. Abkühlen lassen, bevor er geschnitten wird.

AUF DER FESTUNG MACHAIROS

Sie ging hinaus und fragte ihre Mutter: Worum soll ich bitten? Die sagte: Um den Kopf Johannes des Täufers.
Markus 6, 24–25

Das Land östlich vom Jordan und vom Toten Meer umfaßt unter dem geographischen Namen Transjordanien eine Reihe von Landstrichen, die im Verlauf der Geschichte von vielen kleinen Nationen beheimatet waren. In das Geschehen des Neuen Testamentes trat Transjordanien mit dem Wirken Johannes des Täufers ein. Johannes versammelte seine Anhänger hauptsächlich in Peräa, einer politischen Region, die dem Herodes Antipas unterstellt war, und die sich von Norden nach Süden zwischen den Flüssen Jabbok und Arnon ausbreitete. Markus, der Evangelist, datierte auch den Predigtbeginn von Jesus unmittelbar in die Zeit, *«nachdem Johannes überantwortet war».*

Im Neuen Testament erfahren wir nicht, wo man den Täufer festhielt, wohl aber vom jüdischen Historiker Flavius Josephus. Er nennt die Festung Machairos als Gefangenenort, eine mächtige Burganlage, die sich am Ortsrand der Jordansenke erhob. Machairos war von Herodes dem Großen zu einer uneinnehmbaren Bergfeste ausgebaut worden. Von ihren Burgzinnen aus genoß der Betrachter einen großartigen Ausblick. Weit war die Sicht über das Tote Meer und das hügelige Hochland des Jordantales; zerklüftet die Hänge, bis zum Horizont zogen sich endlose Sandflächen hin. An klaren Tagen, wenn das Tote Meer blau wie ein Lapislazuli schimmerte, hoben sich markante Punkte heraus: Im Hintergrund

107

zeigte sich die Stadt Hebron. Jericho mit ihren Dattelpalmen war auszumachen. Über allem hob sich Jerusalem ab, das mit seinen Mauern unverkennbar war. Und
dazwischen lagen viele kleine Siedlungen mit Granat-
apfelbäumen, mit Sesamfeldern, Flachsfeldern und Weinhängen.

Flavius Josephus zufolge hat sich das tödliche Intri-
genspiel der Herodias auf Machairos abgespielt. In einer Erzählung ‹Herodias› nahm sich auch der Dichter
Gustave Flaubert des Stoffes und Schauplatzes an. Er
skizzierte mit bewundernswerter Schärfe die stickige
Atmosphäre am Hof des Königs Herodes Antipas:

«Johannes vegetierte in einer finsteren Gruft, verloren
und wie ein Tier, und doch von so intensiver Stärke und
Ausstrahlung, daß seine Häscher im Palast Angst emp-
fanden und vor ihm zitterten. Der Tetrarch zögerte noch
beim Gedanken an eine Hinrichtung. Herodias indessen,
haßerfüllte Gemahlin und geschmäht durch Kritik des
Johannes, schmiedete an einem Mordplan. Es war der
Geburtstag des Königs, zu dem man die Mächtigen des
Landes eingeladen hatte, die Verwalter der Güter, die
Ersten Galiläas, die Truppenführer, Intriganten, Verbün-
deten und auch Lucius Vitellius, den Gouverneur von
Syrien, begleitet von seinem Sohn Aulus, dem der Ruf
eines großen Feinschmeckers vorauseilte».

Flaubert schildert: «Er (Antipas) zeigte auf mehrere
seiner Leute, die, über die Zinnen gebeugt, ungeheure
Körbe mit Fleisch, mit Früchten und Gemüsen, Antilo-
pen und Störchen, mächtigen azurfarbenen Fischen,
Trauben, Wassermelonen und zu Pyramiden aufgetürm-
ten Granatäpfeln hinaufzogen. Aulus (des Vitellius Sohn)
hielt es nicht länger aus. Er eilte in die Küche, fortgeris-
sen von dieser Schlemmerei, die die ganze Welt in Er-

staunen versetzen sollte.» Aulus, dem man die Kreation eines Gerichtes aus Leber von Schollen, dem Hirn von Pfauen, der Zunge von Flamingos und der Milch des Neunauges mit dem Titel ‹Minervas Schild› nachsagt, ließ sich demnach sogar eigene Rezeptvarianten einfallen.

Das Gastgelage zog sich über Stunden hin. Angeheizt von Wein und Prasserei füllte sich die Luft mit Spannung, und Fäden politischer Machenschaften wurden gesponnen. Während geschlemmt und gefestet wurde, bereitete Herodias das grausame Ende von Johannes vor, sie fädelte den Tanz ihrer Tochter Salome vor dem Stiefvater ein um den Preis, Johannes' Kopf zu erhalten.

«Dann zeigte Phanuel (der Henker) den Männern den schauerlichen Gegenstand auf der Platte, zwischen den Überresten des Gelages.»

Dem Aspekt der Gaumenfreuden widmete sich Flaubert mit einer Art Begeisterung. Seine Beschreibung widerspiegelt jene Maßlosigkeit, die den römischen Königen und Stadthaltern seit langem zueigen war: Tische und Anrichten waren im Festsaal aneinandergereiht. Sie bogen sich förmlich unter der Last von Delikatessen. Bemalte Tonschalen und Kupferschüsseln standen herum, angefüllt mit Weintrauben, Oliven, mit Pistazien und Mandeln, dazwischen waren Eiswürfel arrangiert, von weither geholt, Aprikosen, Melonen, Maulbeeren und Äpfel waren bergeweise verteilt. Aus Amphoren ließ man sich Palmen- und Tamariskenwein einschenken. Aulus, der Feinschmecker, griff zu Kürbissen in Honig und zu Lämmerschwänzen. Man trug Stierennieren auf, Springmäuse, Nachtigallen, Hackfleisch in Weinblättern. Und immer wieder war es Aulus, der sich nicht zurückhalten konnte. Flaubert beschreibt: «Mit bis zu den Hüften herabgestreiftem Gewand lag er hinter einem Berg von Eßwaren, zu vollgepfropft, sich nicht davon zu trennen.»

Gefüllte Weinblätter

Zutaten für die Füllung
500 g Hackfleisch (Rind oder Lamm)
2 El Semmelmehl
3 große Zwiebeln, fein gehackt
6 TL Salz
reichlich grob gemahlener Pfeffer
fein gehackte oder zerriebene Minzeblätter
3 EL Olivenöl

Weitere Zutaten
etwas Öl
1 großes Glas Weinblätter
Butterflöckchen
3 dl Rindsbouillon

Zunächst werden alle Zutaten – vom Hackfleisch bis zum Öl – vermengt und mit den Händen lange und sorgfältig zu einem glatten Teig geknetet.
Die Weinblätter aus dem Glas werden vorsichtig auseinandergefaltet und gründlich mit kaltem Wasser abgespült. Man kocht sie in viel Wasser drei Minuten ab, läßt sie wieder abtropfen und legt sie, mit der stumpfen Seite nach oben, aus. Die Stiele schneidet man ab.

In jedes Blatt wird nun ½ EL Fleischfüllung eingerollt: Das Blatt locker rollen und dabei die Seiten einschlagen.

Den Boden eines großen Topfes mit Öl einfetten und mit Weinblättern auslegen. Die gefüllten Weinblätter in Lagen dicht nebeneinander in den Topf schichten, und zwar so, daß die eingeschlagenen Blattenden stets nach unten liegen. Damit die Rollen nicht aneinanderkleben, setzt man zwischen jede Lage ein paar Butterflöckchen. Zuoberst werden die restlichen Weinblätter ausgebreitet. Ein umgestülpter Teller als Beschwerer auf dem Gemüse sorgt dafür, daß sich die Weinblattrollen während des Garens nicht öffnen.
Die Bouillon über das Gemüse gießen und es zwei Stunden auf kleiner Hitze köcheln lassen. Die Weinblattrollen dann vorsichtig aus ihrem Sud heben – der sich übrigens vorzüglich als Basis für eine Sauce eignet – und warm servieren.

Gebackene Kürbisscheiben

Zutaten
1 kleiner Kürbis
Salz und Pfeffer
etwas Mehl
reichlich Olivenöl

Der Zuckerkürbis wird in halbmondförmige Schnitze geschnitten. Die Samenkörner und die Außenschale werden entfernt bzw. geschält. Salz und Pfeffer würzen die Kürbisscheiben. Das Mehl, in dem sie gewendet werden, ist eine Art Panade.
Man gießt reichlich Öl in die Pfanne, erhitzt es und läßt die Kürbisscheiben schwimmend goldbraun braten. Auf Küchenkrepp sollten sie etwas abtropfen, bevor sie serviert werden.

Lammhirn
mit Artischockenherzen

Zutaten
Essigwasser
6 Lammhirne
3 EL Öl
2 zerdrückte Knoblauchzehen
1 Stange Sellerie, in feine Röllchen geschnitten
½ TL Kurkuma (Gelbwurz)
½ Glas Wasser
¼ Glas Zitronensaft
Salz und Pfeffer
1 Dose Artischockenherzen
1 Handvoll gehackte Petersilie

Die Hirne legt man eine Stunde lang in Essigwasser. Dann werden die feinen äußeren Häute und die Blutgerinsel mit einem scharfen, spitzen Messer entfernt. Das Fleisch unter fließendem Wasser abspülen und säubern, dann abtrocknen. Jedes Hirn wird nun in zwei bis drei Stücke geteilt. In einem Topf das Öl erhitzen. Gewürze, Gemüse und Wasser hineingeben und 10 Minuten kochen lassen. So entsteht eine feine Sauce, die mit Zitronensaft abgeschmeckt wird. Die Hirne in die Sauce geben und darin während gut 10 Minuten garen. Bevor sie zerfallen, servieren. Sollte die Flüssigkeit während des Garens einkochen, mit wenig Wasser auffüllen.
Man arrangiert die Hirne auf einer großen Platte, übergießt sie mit der Sauce und verteilt darauf die Artischockenherzen, die zuvor gedünstet und gewürzt wurden. Zum Schluß streut man Petersilie über das Gericht.

112

Rebhühner,
gefüllt mit Weizen und Pilzen

Zutaten
4 Rebhühner, gerupft und gesäubert
Olivenöl

Die Marinade
Olivenöl, Zitronensaft und ein Stück Zitronenrinde
trockener Weißwein
Pfefferkörner, 1 Knoblauchzehe, gehackt
frischer Thymian, Salz

Die Füllung
5 EL Olivenöl
1 große gehackte Zwiebel
die Lebern von den Rebhühnern, gehackt
150 g frische, gehackte Pilze
2 Stangen Sellerie, sehr fein gewürfelt
150 g zerstoßene Weizenkörner
etwa 4 dl Hühnerbouillon
1 TL Thymian, Pfeffer und Salz

Die Rebhühner werden zwei Tage in die Marinade gelegt,
dann herausgenommen und abgetupft.
Für die Füllung das Öl erhitzen, die Zwiebel glasig dünsten,
die Leber kurz anbraten. Gemüse, Weizen, etwa die Hälfte
Bouillon und die Gewürze zufügen. Alles gut umrühren. Eine halbe Stunde garen lassen. Abschmecken.
Den Ofen vorheizen. Die Vögel mit der Brustseite auf eine
gefettete Kasserolle legen, etwas Bouillon zugießen und
bei 200 Grad rund eine Stunde backen. Währenddessen
zwei- bis dreimal wenden und stets mit Öl bestreichen.

113

Trauben für Salome

Zutaten
Große helle, möglichst kernlose Weintrauben
Eiweiß
Puderzucker

Die Trauben einzeln von der Dolde abschneiden, so daß die kleinen Stiele nicht abgezupft werden. Gut waschen und wieder abtrocknen. Eiweiß schaumig, aber nicht steif schlagen. Jede Traube mit Eiweiß überziehen, d. h. einpinseln und auf Pergamentpapier auslegen. Reichlich Puderzucker darübersieben. Die Trauben auf die Platte legen, auf der sie serviert werden sollen und eine Weile an einen kühlen Ort stellen (Kühlschrank). Sie sollen möglichst kalt angeboten werden.

Sesam-Honig-Konfekt

Zutaten
250 g Sesamsamen
250 g dickflüssiger Honig
250 g gehackte Nüsse

Die Sesamsamen und Nüsse werden auf einem Kuchenblech ausgestreut und im vorgeheizten Ofen bei 175 Grad einige Minuten geröstet.
Der Honig kommt derweil in einem Topf zum Kochen, und zwar so lange, bis er Bläschen bildet. Rasch von der Kochplatte nehmen und Sesam und Nüsse dazurühren. Die süße Masse nochmals kurz kochen, derweil stets rühren.
Man bestreicht eine Marmorplatte dünn mit Öl, gießt den

Honigteig darauf und verteilt ihn gleichmäßig mit einem nassen Spachtel. Wenn die Honigmasse etwas abgekühlt ist, streicht man sie mit nassen Händen glatt. Ist sie vollständig getrocknet, so schneidet man sie mit einem Messer, das vor jedem Schnitt in kaltes Wasser getaucht wurde, in Scheiben oder Rauten oder kleine Rechtecke.

Salat
aus Sellerie und Äpfeln

Zutaten
1 Staude Stangensellerie
2–3 kleine rote Äpfel
2 Handvoll Pistazien
Zitronensaft
150 g Schafskäse
1 Becher Rahm
2 EL Sesamöl
etwas weißer Pfeffer und Salz, frische Minzeblätter

Den Sellerie voneinander trennen, putzen und grüne Blätter abschneiden. Die Stangen halbieren und in Salzwasser 5 Minuten blanchieren. Aus dem Wasser nehmen, kalt abspülen, trockenreiben und abkühlen lassen. Dann in feine Scheiben schneiden.
Die Äpfel nicht schälen, nur abwaschen, halbieren, Kerngehäuse entfernen und in dünne Scheiben schneiden. Mit Zitronensaft beträufeln.
Sellerie, Äpfel und den größten Teil der Pistazien mischen und auf einem hübschen Teller anrichten.
Den Schafskäse zerbröckeln, mit Sahne und Öl mischen, dann würzen und über den Salat gießen. Garnieren mit den restlichen Nüssen und Minzeblättern.

Granatäpfel

Er hat eine respektable Vergangenheit und einen guten Ruf: der rotwangige, hartschalige Granatapfel, der ursprünglich aus dem asiatischen Raum stammt und von den Römern aus Punien, dem heutigen Tunesien, importiert wurde. In der Bibel wird dem Granatapfel manch Kränzchen gewunden, und er begleitet denn auch die biblischen Geschichten von ihren Anfängen an. Für die Männer, die das Land Kanaan erkundet hatten, waren Trauben und Granatäpfel die Zeichen für Reichtum des Landes. In der Bildersprache des Hoheliedes Salomons wird die Form des Granatapfels mit der Schönheit einer Frau verglichen. Sein Samenreichtum symbolisiert Fruchtbarkeit; sein erfrischender, roter Saft ist der Nektar der Liebenden; der Duft seiner karminroten Blüten ist der Inbegriff des erwachenden Frühlings. Granatäpfel standen Modell für Säulenkapitelle, für Stickereien; sie verzierten die goldenen Glocken, die Tempel schmückten.
Sieben Früchte galten dem Volk Israel als Träger von Reichtum und des damit verbundenen göttlichen Segens: Oliven, Datteln, Feigen, Trauben, Granatäpfel, Mandeln, Johannisbrot.
Obwohl der Granatapfel zu den «sieben Arten» zählt, wurde er doch nie ein Hauptnahrungsmittel. Immerhin aber fand er vielfältige Verwendung: seine süß-säuerlichen Körner waren köstliche Bestandteile für Salate. Sie dienten als Beilage zu festlichen Gerichten, und sie wurden für Desserts verwendet. Aus den Kernen konnte man Saft gewinnen, sogar einen schmackhaften Gewürzwein – und so ist es bis heute geblieben.

116

Hammelleber mit Zwiebelringen und Granatapfelkernen

Zutaten

2 kleine Zwiebeln
1 EL Salz, 1 Handvoll gehackte Petersilie
grob gemahlener Pfeffer
500 g Hammelleber, in Würfel geschnitten
1 Glas Weißwein
2 EL Mehl, ¾ Glas Olivenöl
Pfeffer und Salz
½ Glas Granatapfelkerne

Die Zwiebeln werden in Ringe geschnitten in ein Sieb gelegt und mit Salz bestreut. Nach ½ Stunde spült man sie unter fließendem Wasser ab und tupft sie trocken.
Zwiebeln und Petersilie werden gemischt und mit einigen Prisen Pfeffer gewürzt.
Zur Leber: man übergießt sie mit dem Wein, läßt diesen eine Viertelstunde einwirken und gießt die Flüssigkeit wieder ab. Nun wird die Leber im Mehl gewälzt.
Das Öl in der Pfanne erhitzen. Die Leber bei starker Hitze rasch, etwa 3 Minuten, braten. Die Fleischstücke währenddessen stets hin und herrühren. Erst danach mit Salz und Pfeffer würzen.
Die Leber zum Abtropfen auf ein Küchenpapier schütten.
Eine Platte vorwärmen. Die Leber in die Mitte häufeln, mit den Zwiebelringen umlegen und mit den Granatapfelkernen bestreuen.

Zwiebelkörbchen
mit Granatapfelkernen

Man höhlt kleine Zwiebeln aus, legt sie eine Weile in Wasser und tupft sie anschließend trocken, damit nun die Granatapfelkerne hineingefüllt werden können.

Salat
mit Granatapfelkernen

Frischer grüner Salat wird gut gewaschen, trockengetupft und in feine Streifen geschnitten. Einige Zwiebeln werden recht dünn gescheibelt. Beides mischt man untereinander und würzt mit Zitronensaft, etwas Zucker und wenig Salz. Zum Schluß wird eine reichliche Menge Granatapfelkerne unter den Salat gemischt.

DIE HOCHZEIT
ZU KANA

Und am dritten Tage war eine Hochzeit in Kana in Galiläa, und die Mutter Jesu war dabei. Jesus aber und seine Jünger waren auch zur Hochzeit eingeladen. Johannes 2, 1.2

An der Straße in Richtung See Genezareth liegt knapp 10 Kilometer östlich von Nazareth das arabische Dorf Kana, still und eingebettet von Granatapfel- und Olivenhainen. Der Ort hat eine alte Tradition, und die gefundenen Reste einer früheren Synagoge sprechen dafür, daß Kana einst zu einer Kette von kleinen jüdischen Dörfern gehörte, wie sie üblich waren und zerstreut lagen in den Hügeln von Untergaliläa.

Der Ort hat Berühmtheit erlangt, denn in Kana hat Jesus sein erstes Wunder vollbracht. Er verwandelte während einer Hochzeit Wasser in Wein.

Wie aber sah eine jüdische Hochzeit in Palästina aus? Fast immer waren es die Eltern des Brautpaares, die ihre Kinder zusammenführten. Schon recht bald nach der Pubertät wählte ein Vater für seinen Sohn eine Braut aus und überbrachte den Eltern der Erwählten eine Hochzeitsgabe. Danach fand die Verlobung statt. Ein ganzes Jahr hatten die Familien in der Regel Zeit, um zäh um die Höhe der Mitgift der Braut zu feilschen. Dann erst fand die Hochzeit statt.

Am Abend des ersten Hochzeitstages führten die Freunde des Bräutigams die Braut aus ihrem Elternhaus. In einem fröhlichen Brautzug wurde sie zum Haus des Bräutigams getragen, mit verschleiertem Gesicht und offenen Haaren, die lang über ihre Schultern hingen. Jedermann im Dorf schloß sich dem Zug an, die Gäste tanzten und musizierten, sie streuten Blumen und Nüsse. Im Haus des Bräutigams fand das große Fest mit Spielen, Gesängen und Tänzen und an jedem Abend mit einem üppigen Festmahl statt. Sieben Tage lang dauerte das Hochzeitsfest, erst dann galt das Paar als verheiratet.

Johannes erzählt in seinem Evangelium von einer Hochzeit, an der die Mutter Jesu zugegen war, zu der aber auch Jesus selber und seine Jünger geladen waren. Es muß eine stattliche Hochzeit gewesen sein, mit vielen Gästen, und man darf annehmen, daß sie unter freiem Himmel vor dem Haus stattgefunden hat.

Einem Küchenchef oblag das Wohl der Gäste. Diener trugen die Speisen und Getränke auf. Doch dann, irgendwann, gab es Aufregung in der Küche: der Wein war ausgegangen. Maria hörte davon, und sie bat ihren Sohn, etwas zu tun. Sie war sich sicher, nur er konnte den Freunden ihrer Familie aus einer peinlichen Situation helfen. Denn nichts war schlimmer und kam einer Schande mehr gleich für den Bräutigam, als daß er seine Gäste nicht großzügig bewirten konnte. Gastfreundschaft, die im Leben Jesu eine so bedeutende Rolle spielte, war eine höchste Tugend, und das ist sie beispielsweise bei den Beduinen bis heute geblieben. Diesbezügliche Sitten und Gebräuche haben sich vor allem in den vom Tourismus wenig berührten Gegenden im arabischen Volksteil Israels erhalten.

Damals, da die besagte neutestamentliche Hochzeitsgeschichte spielte, war es bei den religiösen Juden üblich, daß sie sich während eines langen Festmahles wieder und wieder die Hände wuschen. Darum standen zahlreiche Wasserkrüge herum, aus denen das Wasser zum Reinigen geschöpft wurde. Da wies Jesus die Diener an: «*Füllet die Wasserkrüge mit Wasser*» (Johannes 2, 7), und das taten sie auch. Das Wunder konnte geschehen, aus dem Wasser wurde Wein; köstlicher, mundiger Wein, besser als alle vorangegangenen Weine. Der Bräutigam lobte den Küchenchef, denn weder er noch die Gäste wußten, was geschehen war. Lediglich die Jünger realisierten das Geschehen, und der Küchenchef wohl auch. Aber niemand sagte etwas.

Lämmchen am Spieß

Zutaten
500 g Fleisch von Milchlämmern
1 Stange Lauch
2 Zwiebeln
reichlich glatte Petersilie
Salz und schwarzer Pfeffer
2–3 EL Ölivenöl

Das Fleisch in 3 cm große Würfel schneiden.
Den Lauch putzen, waschen und sehr fein hacken. Die Zwiebeln und die Petersilie ebenfalls feinhacken. Alle Gemüse in eine große Schüssel geben, Salz und Pfeffer darüber streuen, ebenso das Öl, und nun gut verrühren. Unter diese Marinade (die man später ausgezeichnet als Basis für einen Schmortopf verwenden kann), wird das Fleisch gemischt. Es sollte darin einige Stunden marinieren.
Später wird das Fleisch auf Spieße gesteckt und über Holzkohlenfeuer grilliert. Währenddessen die Spieße häufig wenden.
Selbstverständlich wird zu den Lammspießen Fladenbrot gegessen.

Kalbshaxen
im Ofen gebacken

Ein Kalb wurde nur zu besonderen Festen geschlachtet. Sein junges Fleisch ist zart und wird rasch gar.

Zutaten
1 schöne Kalbshaxe
2 Knoblauchzehen
1 TL Rosmarinnadeln, zerdrückt
3–4 EL Olivenöl
Salz und Pfeffer
1 Glas Weißwein
1 Glas Bouillon
gehackte Petersilie

Die Kalbshaxe in dicke Scheiben schneiden lassen. Das Fleisch einritzen und Knoblauchschnitze und etwas Rosmarin hineinfüllen. Das Fleisch mit etwas Öl gut einreiben, den restlichen Rosmarin darüberstreuen und festdrücken, dann salzen und pfeffern und in eine Pfanne legen. Den Ofen vorheizen, das Fleisch bei 200 Grad 15 Minuten anbraten. Den Wein zum Fleisch geben und es bei 175 Grad zugedeckt weitergaren lassen. Gelegentlich nachsehen, ob der Pfannenboden mit Feuchtigkeit bedeckt ist und eventuell Bouillon zugießen. Nach insgesamt etwa einer Stunde ist die Kalbshaxe gar. Sie wird mit Petersilie bestreut.

Kichererbsen-Salat

Zutaten
1 Glas gekochte Kichererbsen
1 Salatgurke
1 Zwiebel
einige Salatblätter
etwas frische gehackte Minze

Marinade
2 EL Olivenöl
1 EL Weinessig
½ TL Zucker
Pfeffer und Salz

Die Kichererbsen in ein Sieb schütten, abspülen und abtropfen lassen. Währenddessen die Gurke schälen und in dünne Scheiben raspeln. Etwas salzen.
Kichererbsen und Gurken in einer großen Schüssel miteinander mischen. Die Zwiebel in feine Ringe schneiden, die Salatblätter in Streifen. Beides zum Gemüse geben und mischen. Die Marinade anrühren und über den Salat gießen.
Vor dem Servieren mit der Minze bestreuen.

Weiße Bohnen mit Äpfeln

Zutaten
500 g weiße Bohnen
1 kg Äpfel
1 Stückchen Butter
1 Glas Wasser
1 TL Zucker
etwas Zimt
Salz nach Belieben

Die Bohnen müssen eine Nacht eingeweicht sein, bevor sie im Einweichwasser gar gekocht werden.
Die Äpfel werden geschält, gewürfelt und mit Wasser, Butter, Zucker und Zimt in einem zweiten Topf 10 Minuten gedünstet. Dann gibt man die gekochten, abgegossenen Bohnen dazu, würzt mit Salz und kocht das Ganze auf kleinster Hitze eine Weile, denn es soll dick eingeschmort sein.

Gebackener Mittelmeerfisch mit Nüssen und Granatapfelkernen

Zutaten
1 Mittelmeerfisch, z. B. Hecht oder Sole (Mosesfisch), etwa 2 kg schwer
Salz
2 x ¼ Glas Olivenöl
Zitronen
1 EL Granatapfelkerne

124

Für die Füllung
Öl zum Dünsten
3 mittelgroße Zwiebeln, fein gehackt
200 g Walnußkerne, mit dem Mörser grob zerkleinert
200 g Pilze, gescheibelt
2 Handvoll Petersilie, gehackt
2 EL Granatapfelkerne
etwas Salz
etwa 1 TL frisch gemahlener schwarzer Pfeffer

Der Fisch wird gesäubert und geschuppt; Kopf und
Schwanz aber bleiben am Körper. Den Fisch trockentupfen
und innen wie außen mit Salz einreiben. In das Gefäß, in
dem der Fisch gebacken wird, ¼ Glas Öl gießen. Dann den
Fisch hineinlegen und diesen mit der anderen Hälfte Öl
übergießen. So mariniert er eine Weile, währenddessen die
Füllung entsteht:
Das Öl wird in einer Pfanne erhitzt, so daß die Zwiebeln
darin dünsten können, bis sie goldgelb sind. Man gibt die
Nüsse und Pilze hinzu, verrührt die Mischung und läßt sie
kurze Zeit weiterdünsten. Die Pfanne von der Hitze nehmen, Petersilie und Granatapfelkerne unter die Mischung
rühren, mit Salz und Pfeffer kräftig abschmecken.
Den Fisch mit dem Gemisch füllen und die Öffnungen mit
Spießchen zusammenstecken. Im vorgeheizten Ofen wird
der Fisch bei 200 Grad ungefähr 50 Minuten gebacken.
Währenddessen sollte er ein paarmal mit dem Saft, der
sich im Gefäß sammelt, übergossen werden. Den fertigen
Fisch auf einer großen Platte servieren. Die Spießchen entfernen und großzügig mit Zitronenscheiben und Granatapfelkernen ganieren.
Dazu paßt ganz ausgezeichnet eine Sesamsauce (siehe
Seite 136).

Früchte und Nüsse

Es werden Früchte und Nüsse in verschiedenen Farben und Formen ausgewählt und auf flachen Schalen angerichtet. Besonders gut lassen sich Äpfel, Feigen, Trauben, Datteln und Aprikosen mit Mandeln, Baumnüssen, Pistazien und Rosinen arrangieren. Dazu schmeckt ein Sesam-Honig-Konfekt besonders fein (siehe Seite 114).

Melonendessert

Zutaten
1 Honigmelone
die entsprechende Menge Wassermelone
Erdbeeren, halbiert
Mandelblättchen
etwas Zitronensaft
frische Minze

Die Honigmelone halbieren, Samenkerne entfernen. Auch vom Fleisch der Wassermelone die Kerne entfernen. Beide Melonen in Würfel schneiden. Mit den Erdbeeren mischen, mit Zitronensaft beträufeln und mit Mandeln sowie kleinen Minzeblättern garnieren.

126

Honig-Haferflockenkuchen mit Granatapfelnektar

Zutaten

1 Glas Haferflocken und zwar Schmelzflocken
1½ Gläser Wasser
50 g Butter
100 g Zucker
3 Eier
3 EL Honig
1½ Gläser Mehl
1 TL Zimt
½ TL Salz
etwas frisch gemahlene Muskatnuß
2 EL Zitronensaft
1 Glas Grenadine-Sirup (wird aus dem Saft von Granatäpfeln hergestellt)

Die Haferflocken in das kochende Wasser einrühren, kurz aufkochen, bis die Masse dick wird. Abkühlen lassen. Parallel Butter und Zucker schaumig rühren, die Eier nach und nach hineinrühren, dann den Honig. Zu dieser schaumigen Creme werden Mehl und Gewürze gerührt. Schließlich entsteht aus Creme und Haferflockenbrei der endgültige Teig. Man gibt ihn in eine gefettete Kastenform und läßt ihn bei 175 Grad etwa 50 Minuten backen.

Der aufgeschnittene Honigkuchen wird direkt vor dem Servieren mit dem Granatapfelnektar übergossen.

DIE WEINREBEN

Setze dein scharfes Winzermesser an und schneide die Traube am Weinstock der Erde, denn seine Beeren sind reif.
Offenbarung 14, 18

*W*einhänge und die Traubenlese sind Bilder, die in der Bibel immer wieder gezeichnet werden. Wein, das kostbarste aller Getränke, kommt bereits im Buch Mose vor als ein Willkommensgruß für vornehme Gäste. So wird beispielsweise erzählt, wie Melchisedek, der König von Salem, Abraham entgegentrat und ihm Brot und Wein reichte (1. Mose 14, 18). Und das heutige Symbol für den Tourismus in Israel zeigt zwei Männer, die über ihren Schultern eine große Weinrebe tragen. Das Bild geht zurück auf einen Ausspruch, nach dem Moses Spione ausschickte, um Kanaan erkunden zu lassen. *«Und sie kamen bis an den Bach Eschkol und schnitten dort eine Rebe ab mit einer Weintraube und trugen sie zu zweien auf einer Stange»* (4. Mose 13, 23).

Die Israeliten feierten alljährlich zur Weinernte ein Fest der Freude und der Dankbarkeit. Junge Menschen gingen in die Weingärten, sie verweilten dort und lernten sich kennen, und die Mädchen hielten Ausschau nach ihren zukünftigen Männern.

Die Weinrebe, eine der sieben Früchte, mit denen das Land gesegnet war, wurde zum nationalen Symbol. Überall traf und trifft man die Trauben an: in Mosaikbildern, an den Türen der Synagogen, auf Gräbern, in Töpfereiarbeiten, später auch auf Münzen.

Im Neuen Testament bekommt die Weinrebe eine neue, eine geistige Bedeutung. Besonders dort, wo Jesus sich mit ihr vergleicht. *«Ich bin der wahre Weinstock, und*

mein Vater der Weingärtner. Jede Rebe an mir, die keine Frucht bringt, wird er wegnehmen; und jede, die Frucht bringt, wird er reinigen, damit sie noch mehr Frucht bringt.» (Johannes 15, 1–2).

Aus den Trauben, den grünen und blauen, die an den Weinhängen Israels reifen, machte man seit jeher Wein und Saft. Man aß sie natürlich auch als frische Früchte, man trocknete sie und gebrauchte sie als Rosinen. In der Gegend um Nazareth wurden zahlreiche Weinpressen gefunden, die in die römische Zeit gehören. Daraus ist zu schließen, daß die Menschen in dieser Gegend von der Landwirtschft lebten und Weintrauben zu Wein machten wie Oliven zu Öl.

Rosinenkuchen

Zutaten
200 g Butter, 200 g Zucker
6 Eier
eine Prise Salz
350 g Mehl und 1 TL Backpulver
200 g und 100 g Rosinen
200 g grob gehackte Nüsse

Aus den ersten fünf Zutaten wird der Kuchenteig gerührt, und dann werden 200 g Rosinen und die Nüsse unter den Teig gemischt. Die Backform wird ausgefettet und der Teig hineingegossen. Man streut die restlichen 100 g Rosinen über den Kuchen und backt ihn etwa eine Stunde im vorgeheizten Ofen bei 180 Grad.

Weintraubentorte

Zutaten
für den Kuchenteig siehe unter «Rosinenkuchen»
1 kg helle Weintrauben
für den Guß: 2 Eiweiß, 6 EL Zucker,
3 EL Mandelblättchen

Den Kuchenteig in eine ausgefettete Springform gießen und dicht mit den Weintrauben belegen.
Für den Guß die Eiweiß steifschlagen, den Zucker dazugeben und die Mandelblättchen drunterheben. Den Guß über den Traubenkuchen verteilen und im vorgeheizten Ofen bei 200 Grad gut eine Stunde backen.

Traubenhonig

Zutaten
1 kg sehr reife Trauben
Gelierzucker (auf 1 Liter Saft 1 kg)
Zitronensaft
Verschließbare Gläser zum Abfüllen

Die Trauben abzupfen, waschen, mit Wasser knapp bedeckt so lange kochen, bis ein dickliches Mus entsteht. Dieses Mus durch ein Sieb pressen. Den gewonnenen Saft in den Topf zurückgießen. Gelierzucker und Saft von einer großen, reifen Zitrone zugeben. Das Ganze zum Kochen bringen und einige Minuten richtig brodeln lassen. Dabei stets kräftig rühren. Den so gewonnenen Traubenhonig in die präparierten Gläser füllen, verschließen und abkühlen lassen. Der Traubenhonig eignet sich vorzüglich zum Süßen von Dessertspeisen am Tisch.

AM SEE
GENEZARETH

Sie legten ihm ein Stück gebratenen Fisch vor. Und er nahm's und aß es vor ihren Augen. Lukas 24, 42–43

Nirgendwo anders werden die Erinnerungen an das Neue Testament so wachgerufen wie an den Ufern des Sees Genezareth. Lieblich, blau liegt er da, 212 Meter unter dem Meeresspiegel, und im Frühling sind die Uferwiesen blumenreich übersät. Von Bergen eingerahmt ist er; von der nahegelegenen Anhöhe, die der Berg der Seligpreisung gewesen sein mag. Gegenüber, im Osten, schließt ihn das kahle Bergmassiv der Golanhöhen ein. Tiberias, die moderne Stadt am Westufer, mit ihren Hotelpalästen und Kuranlagen, war schon in römischer Zeit ob ihrer Heilquellen berühmt. Heute sucht man sie ihres milden Klimas wegen auf, sommers wie im Winter ein beliebter Urlaubsort. Eine Bootsfahrt ans gegenüberliegende Ufer bringt den Besucher zum Kibbuz En Gev. Er ist mit schönen Palmenanlagen umgeben, direkt am Fuße des Hügels von Susita mit den Ruinen der hellenistischen Stadt Hippos. En Gev, der idyllische Kibbuz mit seinen Ländereien und mit bedeutender Viehzucht, bietet zudem einen stimmungsvollen Rahmen für jährlich stattfindende Musikfestspiele. Nach En Gev fährt man nun aber auch, um Fisch zu essen. Den besten St.-Petri-Fisch im Lande, sagt man.

Dem vordergründigen Eindruck folgt ein zweiter. Hier, am See Genezareth, ist der Boden voller historischer Steine. Als sei die Zeit stillgestanden, besinnt man sich 2000 Jahre zurück. Vom Berg der Seligpreisung führt ein kleiner Weg zum Seeufer hinunter nach Tabgha. Byzantinische Mosaiken beziehen sich auf die Brotvermehrungsgeschichte, andere widmen sich dem österlichen Fischzug. Jesus offenbarte sich den Jüngern nach seinem Tod am See Tiberias und sagte zu ihnen: «*Werft das Netz an der rechten Seite des Boots aus, so werdet ihr etwas finden. Da warfen sie es aus und konnten's nicht mehr herausziehen vor lauter Fischen*» (Johannes 21, 6–7).

Nur unweit von Tabgha entfernt liegt Kapernaum. Synagogenreste aus dem 2. und 3. Jahrhundert ruhen auf dem Fundament des Tempels, in dem Jesus predigte: «*Ich bin das Brot des Lebens*». Kapernaum war zur Zeit des Neuen Testamentes ein Fischerstädtchen an der Grenze zwischen Galiläa und dem Gebiet des Tetrarchen Philippus; eine Zollstation, betriebsam und recht bedeutend. Markus sagt, daß Jesus hier wie zu Hause gewesen sei. Stille liegt nun über dem Ort, trotz der zahlreichen Touristen, die ihn besuchen. Beredsame Stille.

Am See Genezareth, der im Neuen Testament auch Galiläisches Meer oder See von Tiberias hieß, und heute in Israel wieder seinen alttestamentlichen Namen Yam Kinneret trägt, verbrachte Jesus seine hauptsächlichen Lehrjahre. Nirgends sonst hat er so viele Wunder gewirkt und so viel gelehrt. Er ist mit den Fischern hinausgefahren auf den See, er ist auf dem Wasser gewandelt, er hat den Sturm beruhigt. An den Ufern des Sees sammelte er auch seine ersten Jünger. Simon Petrus und dessen Bruder Andreas aus Bethsaida waren Fischer. Er sprach sie an, während sie ihre Netze auswarfen: «*Folgt mir nach. Ich will euch zu Menschenfischern machen*» (Markus 1, 17). Das Brüderpaar Jakobus und Johannes entdeckte er, als sie ihre Netze flickten. Aus Bethsaida stammte auch Philippus. Kana war die Heimat von Simon und Nathanael. In Kapernaum berief Jesus andere

Männer in seinen Jüngerkreis, darunter den Zöllner Matthäus.

Der See Genezareth war ohnehin von großer Bedeutung im Alltagsleben der Menschen und des Landes. Fisch bedeutete für die Bevölkerung ein überaus wichtiges Nahrungsmittel, mehr noch als Fleisch. Und im See Genezareth wimmelte es von Fischen. Seine Gewässer lieferten Fische für die Menschen der ganzen Umgebung. Die Fische wurden auf allen Märkten verkauft, sie wurden aber auch, in Kapernaum und in anderen Orten, verarbeitet. Gesalzene und getrocknete Fische gingen von hier aus in andere Landesteile.

Die Fischer vom See Genezareth sind immer noch da. Ihre Boote laufen meist in der Abenddämmerung aus, von Tiberias ebenso wie vom Kibbuz En Gev und von anderen Stellen. Auch an seinem Südende liegen die Fischerboote, dort, wo der Jordan sich wieder vom See trennt. Das Wasser ist reich an Fischen, reich vor allem am St.-Petri-Fisch, eine Art, die schon scit Jesu Zeiten bekannt und berühmt ist.

St.-Petri-Fisch, eingelegt

Zutaten
4 oder mehr Fische, ausgenommen und entschuppt (Süß-
wasserfische oder z. B. auch Heringe)
Salz, Zitronensaft, etwas Mehl
Sesamöl, einige Zweiglein Dill

Für die Marinade
etwas Öl, 1 Zwiebel, gehackt, 1 Karotte, gescheibelt
1–2 Knoblauchzehen, gehackt
1 Handvoll glatte Petersilie, gehackt
5 dl milder Essig, 3 dl Weißwein
(evtl. Wasser, falls Flüssigkeit fehlt)
Salz, Pfeffer, wenig Zucker

Die ausgenommenen, trockengetupften Fische gut salzen,
mit Zitronensaft beträufeln und in Mehl wälzen. Im heißen
Öl von beiden Seiten kräftig braten. Das Öl abtropfen lassen. Die Fische in ein Gefäß (Tontopf) legen und die
Dillzweiglein darauf verteilen.
Um die Marinade anzurühren, werden zunächst Zwiebel,
Karotte, Knoblauch und Petersilie im Öl 10 Minuten gedünstet. Dann löscht man den Sud mit Essig und Wein ab und
würzt kräftig.
Die Marinade abkühlen lassen, absieben und über die Fische gießen. An einem kühlen Ort wenigstens zwei Tage
einlegen.
Marinierte Fische wie diese sind typisch für den kurzlebi-
gen Vorrat und etwa zwei Wochen haltbar. Vor 2000 Jahren
wurden Fische gewöhnlich getrocknet oder in Salz gelegt
und in großen Gefäßen an möglichst kühlem Ort aufbewahrt.

Gegrillte Fische

Zutaten
Fische zum Braten und Grillen wie Buri, Flunder, Forelle
Zitronensaft

Für die Gewürzmischung
1 TL Salz
½ TL Pfeffer
½ TL gemahlener Kümmel
2 EL Olivenöl

Die Fische werden geschuppt, gewaschen und wieder abgetrocknet, dann reichlich mit Zitronensaft begossen. Man ritzt jedem Fisch beidseitig vier diagonale Einschnitte in die Haut und reibt ihn mit der Gewürzmischung ein. Nun können die Fische gegrillt werden.
Die nachfolgend beschriebene Sesamsauce wird noch warm über die Fische gegossen.

Sesamsauce

Zutaten
1 Tasse Sesampaste (Tahina)
4 EL Zitronensaft
1 TL Salz und etwas weißer Pfeffer
2 zordrückte Knoblauchzehen
etwa ½ Glas Wasser

Die Sesampaste wird mit den drei Zutaten vermischt. Dann schlägt man das Wasser mit einer Gabel oder einem Schneebesen nach und nach dazu. Die Sauce soll die Konsistenz einer dicken Mayonnaise haben.
Sesamsauce wird zu gebackenem Fisch gereicht und auch als Zutat in kaltem Kichererbsenpüree verwendet.

Filierter Fisch
mit Wabenhonig

Zutaten
Einige Scheiben Fischfilet
Butter
Salz und Pfeffer
Zitronensaft
1 Zitrone in Scheiben
1 Handvoll gehackte Petersilie
250 g Honig in der Wabe

Eine Grillpfanne mit Butter ausreiben. Die Fischfilets mit Zitronensaft beträufeln und mit Salz und Pfeffer würzen. Im heißen Fett kurz und kräftig grillieren.
Den Fisch auf einer Platte anrichten, mit Zitronenscheiben und Petersilie garnieren.
Der Honig wird – als eine ausgefallene Beilage – gesondert zum Fisch gestellt.

Festliches Menü
für einen besonderen Tag

Gefüllte Datteln
Früchte und Nüsse

———

Eingelegter St.-Petri-Fisch, garniert
mit Zitronen
Grüne und schwarze Oliven
Fladenbrot

———

Gefüllte Weinblätter
Rebhühner mit Weizen und Pilzen
Salat En Gedi
Gebackene Kürbisscheiben
Fladenbrot

———

Sesam-Honig-Konfekt
Wassermelone, gewürfelt

———

Kaltes Wasser
Carmel-Wein, rosé

Zusammengestellt aus Rezepten, die in diesem Buch
beschrieben sind.

WÜRZE, GEWÜRZE
UND KRÄUTER

Als sie den Stern sahen, wurden sie hocherfreut, gingen in das Haus und fanden das Kind mit Maria, seiner Mutter, fielen nieder und beteten es an, öffneten ihre Schätze und schenkten ihm Gold, Weihrauch und Myrrhe. Matthäus 2, 10–11

Kräuter und Gewürze mit gutem Duft und schmackhaften Eigenschaften erfreuten sich seit alters her großer Wertschätzung. Daß sie nicht nur im Kleinen verwendet, vielmehr im Großen getauscht und gehandelt wurden, daß sie als Geschenk und gar als Wertanlage geschätzt waren – davon legt die Bibel mehrmals Zeugnis ab. Jesus kam in einer Predigt auf den wuchertreibenden Gewürzhandel zu sprechen und schalt gewisse Rechtsgelehrte: *«Wehe euch, Schriftgelehrte und Pharisäer, ihr Heuchler, die ihr den Zehnten von Minze, Dill und Kümmel gebt, aber euch um das Wichtigste im Gesetz nicht kümmert, nämlich um das Recht, die Barmherzigkeit und den Glauben»* (Matthäus 23, 23).

Die Grenzen zwischen Speisewürzen und Arznei- oder Opferpflanzen waren damals allerdings weniger scharf getrennt als heutzutage. Das, was die Speisen veredelte und das, was gut roch, hatte häufig auch andere Wunderwirkungen. So schrieb man den Blättern, den Samen, Wurzeln und Blüten, die man gesammelt hatte, vielfach heilende Kräfte zu, betörende auch oder besänftigende. Kein Wunder, daß man ihre würzigen Düfte allzu gern auch Ölen zu Opferzwecken beimischte. Zu den Pflanzen für den Tempelgebrauch zählte man beispielsweise Weihrauch und Myrrhe, Kassia und Lavendel, Balsam und Zimt. Pedanios Dioskurides, wichtigster Kräuterautor des Altertums, der etwa um die Mitte des 1. Jahrhunderts n. Chr. lebte, beschrieb in seinen Werken mehr als 600 Heil- und Gewürzpflanzen. Sein Lexikon galt anderthalb Jahrtausende als «das Orakel der Heilmittellehre, die Bibel der Pharmakologen und die oberste Instanz für die Kenntnis der Arzneipflanzen».

Wie in so vielem, so waren die Römer auch im Waren- und Gewürzhandel zwischen Abendland und Morgenland perfekt organisiert. Die römischen Provinzen Palästinas spielten dabei keine unwesentliche Rolle. An den Grenzorten überwachten Zollämter den Warenverkehr. Bei Kapernaum beispielsweise, dem Grenzort zwischen den Gebieten der Tetrarchen Herodes Antipas und Philippus, gerieten auch Jesus und seine Begleiter in Kontrollen: «*Als sie nun nach Kapernaum kamen, traten die Steuereinnehmer zu Petrus und fragten: Pflegt euer Lehrer denn nicht das Zweidrachmenstück als Tempelsteuer zu geben? Er sagte: Ja. Und als er heimkam, kam ihm Jesus zuvor und fragte: Was meinst du, Simon? Von wem nehmen die Könige auf Erden Zoll oder Steuern: von ihren Kindern oder von den Fremden?*» (Matthäus 17, 24–25).

Palästina war reich an wilden wie an kultivierten Kräutern und Gewürzpflanzen. In den fruchtbaren Gegenden von Galiläa und Samaria, in den Ebenen entlang des Mittelmeeres, in den Oasen gediehen sie: Sesam und Kardamom, Koriander und Kümmel, Minze und Dill, Senfpflanzen und Kapernbüsche, Wermut und Alraunen, Ingwergras, Balsam, Weihrauchsträucher und solche der Myrrhe, Kurkumapflanzen, Wegwarte, Wasserkresse, Lavendel.

Balsam

Die Balsamhaine von Jericho und En Gedi wurden von Reisenden des Altertums gerühmt und gepriesen. Die Königin von Saba machte Balsamsetzlinge dem König Salomo zum Geschenk. Auf die Balsambäume Jerichos hatte es die ägyptische Königin Kleopatra abgesehen. Denn das, was der Balsam versprach, belebende und sinnenkräftende Wirkung, das gefiel so ganz ihrem weiblichen Anspruch. Die Liebe brachte sie gern mit ins Spiel, wenn es um von ihr angestrebte Ziele ging. Und nachdem sie den Römer Antonius geheiratet hatte, erhielt sie auch «ihre» Oase Jericho mitsamt seinen Balsambäumen – quasi als Hochzeitsgeschenk.

Als Balsam von Judäa machten Balsambäume Geschichte. Die harzigen Sekrete wurden auf dreierlei Art verwendet: als Zutat zum heiligen Öl, als Heilmittel in Salben bei Wunden und als Gegengift bei Schlangenbissen, schließlich als Zusatz für wohlriechende Parfüme. Balsam wurde Liebestrünken beigegeben. Man empfahl ihn, in Wein getrunken, gegen «Herzeleid». Man streute Balsam und Minze in Bäder, um «Nerven und Sehen zu stärken».

Bittermandel

Fährt man im Frühling über die Straßen der Jesreel-Ebene in Richtung Nazareth und weiter bis ins Jordantal, so gehören blühende Mandelbaum-Felder zur liebreizenden Landschaft des nördlichen Israels. Mandeln zählen zu den sieben symbolischen Früchten bei den Juden. Mandeln blühten seit jeher im Orient. Zwischen bitteren und süßen Mandeln unterschied man jedoch erstmals in der Zeit um Christi. Mag sein, daß zu jener Zeit der süße Mandelbaum aus Asien seinen Weg bis ans Mittelmeer gefunden hat.

Das ausgeprägte Aroma der Bittermandel wurde stets als würzende Zutat verwendet, ebenso wie das Bittermandelöl der Schönheit und kosmetischen Zwecken diente. Die süße Mandel hingegen gehörte ganz in die Küche. Sie bereicherte Bäckereien und süße Speisen.

Knoblauch und Zwiebeln

An Knoblauch und Zwiebeln erinnerten sich die Israeliten, nachdem sie aus Ägypten zurückgekehrt waren: *«Wir denken an die Fische, die wir in Ägypten umsonst aßen, und an die Kürbisse, die Melonen, den Lauch, die Zwiebeln und den Knoblauch»* (4. Moses 11, 5). Knoblauch fand man auf biblischen Darstellungen in altägyptischen Totenkammern. Er war, ebenso wie Lauch und Zwiebeln, ein wichtiges Nahrungsmittel und dennoch nie eindeutig beliebt. Während manche Autoren des klassischen Altertums den Knoblauch lobten, rümpften andere die Nase, hauptsächlich des durchdringenden Geruchs wegen. In den Speisekammern Palästinas war Knoblauch ein obligatorisches Würzmittel. Er stand hoch im Kurs. Und die Zwiebeln, die in den Gemüsegärten der Bauern wuchsen, standen ihm da nicht nach. Knoblauch und Zwiebeln gehörten zur jüdischen Küche, sie gehörten ins römische Repertoire der Kochkunst und zur griechischen Eßkultur.

Koriander

Als die Kinder Israels in der Wüste fast verhungerten, schickte ihnen Gott das Manna, von dem es in der Bibel heißt: «*Es war wie weißer Koriandersamen und hatte einen Geschmack wie Semmel mit Honig*» (2. Moses 16, 31). Koriander, mit dem Himmelsbrot so schmeichelnd verglichen, zählt zu den ältesten Gewürzen der Menschheitsgeschichte. Er wird bereits in der altindischen Literatur erwähnt und, wie zitiert, im Alten Testament. Er bereicherte die Gemüsegärten in biblischen Zeiten, die an sich recht einseitig waren, und gedieh in kleinen Hausgärten neben Minze, Majoran, Kreuz- und Schwarzkümmel und Dill.

Damals bekam er über seine Würzkraft hinaus auch andere Bedeutung. Die Römer entdeckten ihn als Zugabe, die den Wein berauschender machen sollte, ebenso als Heilmittel gegen Hunderte von Krankheiten.

Kreuzkümmel

Der Kreuzkümmel des Altertums ist ein Verwandter unseres Kümmels. Man fand ihn in Mumiengräbern Altägyptens und nimmt an, daß er von den Israeliten aus dem Exilland Ägypten in die Heimat mitgenommen wurde. Seine Bedeutung als Würz- und Heilpflanze sowie als wichtige Handelsware war stets unbestritten. Der Prophet Jesaja erwähnte Kümmel im Zusammenhang mit einem Ackermann, der das Feld bestellt. Jesus nannte ihn in Verbindung mit einer Anklage gegen Wucher und Zins.

Dem Kümmel sagte man geruchshemmende Eigenschaften nach und empfahl ihn nach dem Genuß von Zwiebel und Knoblauch. Als Küchengewürz hatte er stets einen guten Stellenwert: für Brot und Gebäck, für Fleisch- und Gemüsegerichte und zur Käseherstellung.

Lorbeer

Dem Lorbeer wurden im Alten Testament mehr als nur ein Kränzchen gewunden. Lorbeer war die Pflanze des Apoll. Lorbeerzweige trugen die Propheten, wenn sie in einer Stadt ankamen. Mit Lorbeer wurden die Sieger der olympischen Spiele bekränzt. Lorbeerkränze ehrten auch Dichter und Sänger.

Bei den Römern gehörten Ruhm und Lorbeer zusammen. Lorbeer wurde überall und reichlich anläßlich vielerlei Ehren verteilt. Nicht zuletzt setzte man römischen Feldherren nach gewonnenen Schlachten Lorbeerkränze aufs Haupt. Ein Sinnbild von Kraft und Ruhm – so stellen Dichter der Antike Lorbeerzweige und Lorbeerkränze dar. Daß ihre Blätter, verwelkt und getrocknet, immer noch gut genug für eine Suppe waren, gehört ins Kapitel der Volksnahrung.

Pfeffer

Wie in einem Triumphzug eroberte der Pfeffer, der in Indien seine Wiege stehen hatte, die alten Kulturen des Mittelmeerraumes. Die Griechen lernten seinen Gebrauch von den Persern. Im römischen Reich stieg der Pfeffergenuß so ins Unermeßliche, daß kritische Beobachter gar fürchteten, der Staatshaushalt werde der hohen Pfefferausgaben wegen in Gefahr geraten.

Die Römer, im Gewürzhandel bewandert wie vor ihnen die Araber aus den Gewürzkönigreichen um Saba, schlugen aus dem Phänomen Pfeffer dennoch Kapital. Pfeffer wurde unter ihnen zu einem Sammelbegriff schlechthin für alle exotischen Gewürze. Entsprechend kassierten sie im Jahre 176 v. Chr. in Alexandria einen «Pfefferzoll» als Durchgangsgebühr für alle exotischen Waren.

Rosmarin

Dieser typische Gewürzstrauch in allen Mittelmeerländern galt seit alters her für viele Völkern als heilig. Die Griechen glaubten, ein Kranz aus Rosmarin erfreue ihre Götter mehr als einer aus Gold. Die Römer bekränzten ihre Hausgötter mit Rosmarin. Im deutschen Volksglauben symbolisierte Rosmarin Liebe, Treue und Tod. Im Neuen Testament bietet die Flucht nach Ägypten Anlaß für eine hübsche Rosmarinlegende. Sie erzählt von der beschwerlichen Wanderung Maria und Josephs mit ihrem Kind. Während einer Ruhepause breitete Maria ihren Mantel über einem Rosmarinstrauch aus. Aus Ehrfurcht vor der Heiligen Familie wechselte der Rosmarin daraufhin seine weißen Blüten in ein himmlisches Blau.

Neben all seiner gottesfreundlichen Bedeutung wurde Rosmarin aber auch als Küchenkraut benutzt. Seine würzigen Eigenschaften stehen bis heute im Dienste schmackhaft zubereiteter Speisen.

Salz

Selbstverständlich ist Salz weder Kraut und Gewürzpflanze, dafür ein Mineral, um dessen würzende, ja lebenswichtige Kraft die Menschen wußten. Salz galt als unentbehrlichstes aller Gewürze. Seiner Bedeutung gebührend genoß es in vielen alten Kulturen und bei vielen Völkern göttliche Verehrung. In Babylon nannte man es gar die Speise der Götter, ohne die keine Mahlzeit gehalten werden könne. Tatsächlich sorgte es ja in jeder noch so ärmlichen Hütte für Wohlgeschmack von Gemüse, Fisch und Fleischgerichten. Es machte das Grundnahrungsmittel, das Brot, zum Genuß. Es ermöglichte, gewisse Lebensmittel einzulegen und zu konservieren. In Palästina war an Salz kein Mangel. Es wurde an den Ufern des Toten Meeres aus Salzlachen gebrochen und kam in Form von Klumpen in die Dörfer und Städte. Im Alten Testament findet man für das Tote Meer mehrmals den Namen «Salzmeer», war es doch schon in der Antike seines Salzes wegen berühmt. Der Name Totes Meer, der gleichfalls antiken Ursprungs ist, hängt wahrscheinlich damit zusammen, daß es wegen seines hohen, durch Verdunstung noch verstärkten Salzgehaltes keinerlei Leben in ihm gibt.

Sesam

Das feine Nußaroma der Sesamkörner, das zur üppigen Gastfreundschaft aller arabischen Staaten und vieler Mittelmeerländer gehört, hat uralte Völker bereits dazu bewogen, Sesam zu kultivieren. Einer sehr früh überlieferten Gewürznachricht zufolge erfahren wir aus einer Keilhandschrift babylonischer Zeit um 2000 v. Chr. vom Anbau der Sesampflanzen. An Euphrat und Tigris gediehen Sesamkulturen, von denen Herodes berichtete: «In Assyrien und Babylonien hat man kein Olivenöl, dagegen gebraucht man dort das Öl, das man vom Sesam gewinnt, der dort baumhoch wird.»

Sesampflanzen wurden vor allem wegen Ihres Ölgehaltes angebaut. Man verwendete die Körner stets aber auch – ähnlich wie Mohn und Kümmel – als Brotgewürz sowie für Gebäck und Konfekt. Erwähnenswert ist die würzige Sesampaste, die in Israel Tahina heißt. Aus der arabischen Küche ist Sesampaste kaum wegzudenken; in Israel erfreut sie sich großer Beliebtheit, besonders zu Fisch, als Dip sowie als Sauce zu Falafel in Pitha.

Wie man Speisen süßte

Mit dem Honig im Bibelwort vom Land, in dem Milch und Honig fließen, sind die Datteln gemeint. So wunderbar süß, wie diese Früchte im sonnigen Palästina reiften, so vielfältig wurden sie auch verwendet. Man konnte aus dem Fruchtfleisch einen Sirup gewinnen, der vor allem zum Süßen der Speisen diente. Daneben stand der Honig auf dem Küchenplan, wenn es um das Süßen der zu bereitenden Speisen ging.

Auch das Manna, das im Buch Mose genannt wird, und von dem Johannes schreibt: «*Unsere Väter haben Manna gegessen in der Wüste*» – diese süße Ausscheidung von kleinen schuppigen Insekten an den Tamarisken der Wüste Sinai, galt als Süßstoff. Den Beduinen dient das Manna bis heute als Ersatz für Honig und Zucker.

Zucker, wie er in den Rezepten in diesem Buch genannt wird, gab es zur Zeit des Neuen Testamentes nicht.

Weihrauch und Myrrhe

Wohlriechende Essenzen brachten die Weisen nach Bethlehem mit, so hoch erfreut waren sie über die Deutung eines neugeborenen, gerechten Königs: Weihrauch und Myrrhe, Symbol für Gottesverehrung und Gesundheit, sollten die Geschenke sein, kostbar wie Gold. Myrrhe und Weihrauch sind duftintensive Harze, die von Sträuchern bzw. von Bäumen gewonnen werden. Während Weihrauch im Tempel gebraucht wurde, war Myrrhe ein wohlriechendes Gewürz als Beigabe zum Salben der Verstorbenen und als Beimischung für Wundsalben sowie Sonnenschutzölen. Man trug Myrrhe auch gern in Sträußchen an Ketten auf der Brust oder in kleinen Dosen mit sich.

Wacholder

Kaum ein Gewächs ist mit so vielen abergläubischen Vorstellungen belegt wie der Wacholder. Das Nadelholz aus der Familie der Zypressen war in alter Zeit so etwas wie ein mythischer Baum, gleichzeitig eine Art grüne Apotheke. Den Beeren sagte man Heil- und Zauberkraft nach.

In der Bibel und in Legenden spielt Wacholder, vielfach auch Machandel genannt, eine immer wiederkehrende Rolle. So ruhte sich beispielsweise der Prophet Elias im Schatten eines Wacholderbaumes aus. Und weil Jesus an einem Kreuz aus Wacholderholz gestorben ist, ist eine Sage entstanden, wonach man den Teufel mit einem Stock aus Wacholderholz erschlagen kann.

Die würzigen Beeren des Wacholders lieferten in der Küche ein Gewürz, das zum Einlegen von Gemüse und zum Würzen von Hammelfleisch sowie von Wild benützt wurde. Äußerlich angewendet brauchte man Wacholder in Form von Badezusatz und Öl-Essenzen für Tinkturen.

Zedratzitrone

Die kleine Zitronenart der Citrus medica wurde bereits sehr früh von Indien in einige Länder des Nahen Ostens gebracht. Man weiß auch, daß sie in biblischen Zeiten in Israel wuchs. Der Zedratzitronenbaum ist kleinwüchsig. Er hat kurze Dornen und immergrüne, gezähnte Blätter. Seine Früchte sind, ähnlich wie die uns bekannten Zitronen, oval und mit hellgelber, drüsiger Schale überzogen, jedoch meist recht klein. Kennzeichnend für diese Citrusfrucht sind ihre aromatischen Fruchtschalen und das sehr saure Fruchtfleisch. Aus den Schalen wird Zitronat gekocht. Ob aber der Saft der Zedratzitrone zum Würzen von Speisen verwendet wurde, ist nicht belegt.

Inhalt

Margrit Hug
Essen und Trinken im Alten Testament

Jutta Radel
Essen und Trinken im Neuen Testament

Balsam, Bittermandel, Knoblauch und Zwiebeln, Koriander, Kreuzkümmel, Lorbeer, Pfeffer, Rosmarin, Salz, Sesam, Wie man Speisen süßte, Weihrauch und Myrrhe, Wacholder, Zedratzitrone

In gleicher Ausstattung
erschienen die folgenden Bücher im Waldgut . . .

Christian Küchli
Auf den Eichen wachsen die besten Schinken

Zehn intime Baumporträts – von Eiche, Fichte, Buche, Lärche,
Esche, Eibe, Kastanie, Föhre, Ahorn, Linde

Mit Zeichnungen von Jörg Müller und Rosmarie Hirzel

«Auf den Eichen wachsen die besten Schinken» . . . damals, als die
Bauern ihre Schweine noch mit Eicheln mästeten, als das Vieh mit
Baumblättern gefüttert wurde und die Kastanie ein Brotbaum war.
Endlich ein Werk, das die verschiedenen Bäume und deren Cha-
raktere umfassend beschreibt: Wie hat der Mensch die Bäume einst
genutzt? Warum gab es früher viel mehr Eichen? Und warum gibt es
heute viel mehr Fichten? Wo fühlt sich die Föhre wohl, und welche
Ansprüche an Boden, Wasserversorgung und Licht hat der Ahorn?
Wie zieht der Förster die Eiche nach? Warum haben die Germanen
die Linde der Liebesgöttin Freyja gewidmet?
Christian Küchli hat als Forstingenieur viele Gebiete der Erde be-
reist. Als die erste Serie über einheimische Nutzbäume im ‹Tages An-
zeiger Magazin› erschien, fanden die Porträts eine ungewöhnliche Be-
achtung, die zeigt, wie sehr das Interesse an unseren Bäumen
gewachsen ist. Dies läßt hoffen, daß im Kampf um Erhaltung und
Förderung unserer Wälder und Bäume die Förster mehr und mehr
durch informierte Mitstreiter Unterstützung erhalten werden.
Das Intime ist hier nicht nur die Darstellung von fundiertem Wissen, sondern auch die Kunst des Autors, uns auf eine Weise in die
Welt der Bäume zu führen, die das Wertvollste erkennen läßt: die
Bäume als Mitglieder unseres innersten Lebenskreises.

Andreas Bellasi
Vom Kraut zum höchsten Glück

13 Sensationen aus der Nähe über Birken,
Tulpen, Schnupftabak, Geranien, Klatsch- und Schlafmohn,
Wacholder, Wein und Weiden, mit Betrachtungen über das Heuen,
den Pollenflug – und eine Paßwanderung.

Mit farbigen Zeichnungen von Dora Wespi

Wir erfreuen uns an ihr, leiden an ihr, leben dank ihr – aber wir kennen die Natur meistens nur sehr oberflächlich bis gar nicht. Wie interessant und spannend es ist, Bäume und Pflanzen, oder gar Schnupftabak und Heuschnupfen kennenzulernen, zeigt dieses Buch.

Eine echte Sensation passiert, wenn wir in die Natur hineinschauen können: Wie entsteht etwas, wie wächst, wie verändert sich etwas, nach welchem Willen oder Muster oder Instinkt geschieht etwas, wie leben Pflanzen in ihrer Gesellschaft – und mit uns?

Kenntnisreich, pointiert erzählt Andreas Bellasi Lebensläufe, Geschichte und Geschichten, Geheimnisse von Bäumen und Pflanzen; Sie werden also nicht nur amüsant und spannend belehrt, sondern zusätzlich im besten Sinn glänzend unterhalten.

Die Künstlerin Dora Wespi hat den heiteren Schwung aufgenommen und in viele schwarzweiße und farbige Zeichnungen gebracht.